COLEÇÃO
TESOUROS DA
IGREJA

Pe. JOSÉ INÁCIO DE MEDEIROS, C.Ss.R.

CONCÍLIOS

Breve história dos Concílios e Sínodos da Igreja

EDITORA
SANTUÁRIO

Coordenação editorial:
Ana Lúcia de Castro Leite

Copidesque:
Luiz Henrique Moreira Soares

Revisão:
Sofia Machado

Diagramação e Capa:
José Antonio dos Santos Junior

Foto da capa: Concílio de Niceia / Niday Picture Library / Alamy Stock Photo

Dados Internacionais de Catalogação na Publicação (CIP) de acordo com ISBD

M488c Medeiros, José Inácio de

Concílios: Breve história dos Concílios e Sínodos da Igreja / José Inácio de Medeiros. - Aparecida : Editora Santuário, 2024.
136 p. ; 14cm x 21cm

ISBN 978-65-5527-366-3

1. Religião. 2. Cristianismo. 3. Amorosidade. 4. Oração. 5. Espiritualidade. 6. Igreja. I. Título.

2023-2592 CDD 240
CDU 24

Elaborado por Vagner Rodolfo da Silva - CRB-8/9410

Índice para catálogo sistemático:
1. Cristianismo 240
2. Cristianismo 24

1ª impressão

Rua Pe. Claro Monteiro, 342 – 12570-045 – Aparecida-SP
Tel.: 12 3104-2000 – Televendas: 0800 016 00 04
www.editorasantuario.com.br
vendas@editorasantuario.com.br

SUMÁRIO

INTRODUÇÃO

Ao longo da história da Igreja, os Concílios e Sínodos foram instrumentos relevantes na vida e na forma da organização eclesiástica, além de serem importantes para o campo da definição doutrinal, especialmente em tempos de questionamentos e debates. Começamos definindo seu significado. A palavra Concílio, originária do latim, significa "assembleia reunida por convocação". É uma instituição tradicional na vida da Igreja desde os tempos apostólicos, quando os apóstolos se reuniram em Jerusalém para discutirem a questão da disciplina a ser aplicada aos judeu-cristãos e aos pagãos, chamados de gentios, recém-convertidos à fé cristã. Os Concílios se transformaram em instrumentos ordinários de legislação eclesiástica diante de questões dogmáticas e pastorais.

O sínodo, por sua vez, enquanto conceito, deriva da língua grega, sendo traduzido pela soma de duas palavras, "reunião" e "caminho", significando "fazer o caminho juntos". Por isso hoje se fala muito em "caminho sinodal" ou sinodalidade.

Ao longo da história, foram realizados diversos tipos de Concílios: provinciais, regionais e gerais, sendo que os mais importantes são os Concílios gerais ecumênicos, pela universalidade da participação dos chamados "padres conciliares". Se hoje fosse reunido um novo concílio ecumênico, dele deveriam participar os mais de cinco mil bispos da Igreja. Até hoje, foram realizados somente 21. E deles falaremos um pouco mais.

Concílios ecumênicos são, segundo o direito canônico, as reuniões de bispos e outras pessoas convocadas pelo Papa e que, sob a sua presidência e sua confirmação, tomam decisões que dizem respeito à fé cristã e à disciplina eclesiástica.

De um Concílio ecumênico, o maior poder da Igreja universal, podem participar os cardeais, patriarcas, bispos, abades e superiores de ordens religiosas, representantes de todas as partes da terra. Aquele que dele não puder participar pessoalmente poderá enviar um representante, que, no caso, não gozará de poder de voto na hora das decisões, assim como os consultores e observadores.

1

SÍNODOS E CONCÍLIOS – O QUE SÃO?

No livro dos Atos dos Apóstolos, uma das primeiras questões que a Igreja precisou enfrentar foi a admissão de convertidos à fé cristã (cf. At 15). Havia opiniões diferentes sobre os convertidos precisarem ou não obedecer à Lei de Moisés e ser circuncidados antes de se tornarem cristãos.

Os representantes das primeiras comunidades cristãs, entre eles o apóstolo Paulo, reuniram-se em Jerusalém para discutir o assunto. Uma decisão consensual foi tomada, após muito debate, e, como resultado, os convertidos gentios foram desobrigados da circuncisão e de seguir vários aspectos da Lei Mosaica, mas, em contrapartida, deveriam deixar de comer carnes sacrificadas aos ídolos.

Desde então, embora exista uma corrente de historiadores que não inclua Jerusalém no rol dos concílios ecumênicos, essa reunião de bispos foi chamada de "Concílio de Jerusalém", sendo vista como o protótipo das reuniões de bispos, cujas decisões têm de ser tomadas em benefício da Igreja. O último foi o Vaticano II, realizado na década de 1960.

Ao longo dos séculos, desenvolveram-se dois tipos distintos de reuniões de líderes da Igreja: os concílios e os sínodos.

Concílios

De acordo com a Enciclopédia Católica, *"os concílios são assembleias legalmente convocadas de dignitários eclesiásticos e especialistas em teologia com o objetivo de discutir e regular assuntos de doutrina e disciplina da Igreja"*. Em particular, *"Concílios Ecumênicos são aqueles aos quais os bispos e outros delegados com direito a voto são convocados de todo o mundo (oikoumene), sob a presidência do Papa ou de seus legados, e cujos decretos, tendo recebido a confirmação papal, vinculam todos os cristãos"*. Muitas decisões conciliares acabam ganhando um status jurídico de lei para toda a Igreja.

Foram 21 concílios ecumênicos realizados na história da Igreja, não de forma prefixada, mas convocados segundo o parecer do Sumo Pontífice, apenas quando havia uma grande necessidade.

Um exemplo disso foi o Primeiro Concílio de Niceia (325), em que o Credo Niceno foi adotado pela primeira vez, esclarecendo a crença da Igreja na natureza de Jesus Cristo. O Credo Niceno, completado depois em Constantinopla, tornou-se a profissão de fé que hoje se reza em alguns domingos nas missas e em outros momentos litúrgicos em que a solenidade o pede. Outro foi o Concílio Vaticano II (1962-1965), convocado para discutir a realidade do mundo moderno e os novos desafios que a Igreja estava enfrentando. Os resultados dessas reuniões foram vinculativos e amplos, resolvendo questões que beneficiaram toda a Igreja católica, mesmo aquelas igrejas autocéfalas, sendo ligadas à Igreja de Roma, prestando fidelidade ao Santo Padre, o Papa.

Além dos Concílios ecumênicos, existem outros tipos de Concílios com destaque para dois deles:

Concílios Plenários

São aqueles que congregam representantes de diversas Províncias Eclesiásticas de um mesmo país, cujos delegados se reúnem sob a presidência de um legado papal. Até hoje, no Brasil, só se realizou 1 Concílio plenário, em 1939 na igreja da Candelária, no Rio de Janeiro, então capital federal da República.

Os Concílios plenários servem para organizar a Igreja de um determinado país ou grupo de países, como foi o caso do Concílio Plenário Latino-Americano, reunido em Roma, o ano de 1870, na esteira do Concílio Vaticano I.

Concílios Regionais

São aqueles que reúnem representantes apenas de uma região eclesiástica. Antigamente as arquidioceses eram chamadas de Províncias Eclesiásticas ou Metropolitas, por isso esse tipo de concílio recebia o nome de regional ou provincial.

Além dos Concílios plenários e regionais, existem outros menores, com pouca importância, como os Concílios locais.

Sínodos

Na história da Igreja, eram realizados localmente, em várias regiões do mundo, para lidar com questões disciplinares locais. O papa Paulo VI reviveu essa ideia e estabeleceu o Sínodo Extraordinário dos Bispos, em 1965, por meio do *Motu Proprio Apostolica Sollicitudo*.

O atual Código de Direito Canônico, de 1983, detalha os propósitos desse grupo de bispos, que se reúne para discutir vários tópicos importantes e necessários para a Igreja.

O Sínodo dos Bispos é a assembleia daqueles escolhidos, em parte por eleição, pelas conferências episcopais das diversas regiões do mundo e, em parte, indicados pelo Papa. Em tempos estabelecidos, reúnem-se para fomentarem o estreitamento da união entre o Romano Pontífice e os Bispos, para lhe prestarem a ajuda com seus conselhos, auxiliando-o na preservação e consolidação da fé, dos costumes cristãos, da observância da disciplina eclesiástica, dirimindo pontos da doutrina da Igreja e, ao mesmo tempo, ponderando questões referentes à ação da Igreja no mundo.

Além disso, "*compete ao Sínodo dos Bispos discutir acerca dos assuntos a tratar e expressar seus desejos; não, porém, dirimi-los ou fazer decretos acerca deles, a não ser que, em certos casos, lhes tenha sido dado poder deliberativo pelo Romano Pontífice, a quem neste caso pertence ratificar as decisões sinodais*" (CIC).

Os bispos sinodais podem se reunir para discutir questões que envolvem a Igreja católica ou "para se ocupar de assuntos diretamente relacionados com uma ou mais regiões determinadas".

Houve algumas assembleias sinodais durante o papado de Paulo VI, muitas sob o pontificado de João Paulo II, como a realizada em 1994 sobre "A vida consagrada e seu papel na Igreja e no mundo". O papa Bento XVI também realizou sínodos, incluindo um sobre "A Palavra de Deus na Vida e na Missão da Igreja".

Desde João Paulo II, também houve vários com foco em regiões locais do mundo, como Sínodo para as Américas (1997), Europa (1999) e África (2009).

Em cada situação o grupo de bispos discutiu assuntos específicos, igual ao realizado sobre a sinodalidade da Igreja entre 2022 e 2024, fazendo sugestões sobre como a Igreja pode resolver vários problemas. No entanto, na maioria dos casos, as soluções focaram principalmente em novas abordagens de leis e conceitos já existentes.

O Sínodo se reúne em diferentes tipos de Assembleia: Assembleia Geral Ordinária, para assuntos relativos ao bem da Igreja universal; Assembleia Geral Extraordinária, para assuntos de consideração urgente; Assembleia Especial, para assuntos que envolvam principalmente uma ou mais regiões geográficas específicas do planeta.

2

OS CONCÍLIOS ECUMÊNICOS – CRONOLOGIA

Tendo conhecido a definição e a importância dos sínodos e concílios com todas as suas particularidades, entramos agora no objetivo maior deste livro: conhecer as motivações, as estruturas de Igreja e a realização dos concílios ecumênicos.

Em seus dois mil anos de caminhada, a Igreja de Jesus Cristo já realizou 21 concílios ecumênicos, desconsiderando Jerusalém. Aqui apresentamos uma visão de síntese para depois desenvolvermos o contexto de Igreja e de sociedade e a realização de cada concílio.

IDADE ANTIGA

1. **1º Concílio de Niceia:** foi realizado de 20 de maio a 25 de julho de 325. Neste tempo, quem governava a Igreja era o papa Silvestre I (314-335). Elaborou o chamado símbolo Niceno, 20 cânones, e agiu contra Ário e sua doutrina errônea.
2. **1º Concílio de Constantinopla:** realizado em maio-junho de 381, quando Dâmaso I era Papa da Igreja (366-384). Ela-

borou o símbolo Niceno-Constantinopolitano, que mostra a divindade do Espírito Santo, e 20 cânones.

3. **Concílio de Éfeso:** realizado em 5 sessões, de 22 de junho a 17 de julho de 431, no papado de Celestino I (422-432), legislou sobre a maternidade divina de Maria, condenou Nestório e elaborou 6 cânones.

4. **Concílio de Calcedônia:** realizado em 17 sessões de 8 de outubro a 1 novembro de 451, quando Leão Magno era Papa (440-461), definiu as duas naturezas de Cristo e elaborou 20 cânones.

5. **2º Concílio de Constantinopla:** realizado em 8 sessões de 5 de maio a 2 de junho de 553, quando Virgílio era Papa (537-555), condenou os três capítulos dos nestorianos.

6. **3º Concílio de Constantinopla:** realizado de 7 de novembro de 680 a 16 de setembro de 681, em 7 sessões, nele, houve a condenação da doutrina do monotelismo. Nesse tempo, Agaton era Papa (678-681) e foi substituído, durante o Concílio, por Leão II (682-683).

7. **2º Concílio de Niceia:** realizado em 8 sessões de 24 de setembro a 23 de outubro de 787, no governo do Papa Adriano I (772 a 795), em 20 cânones, legislou sobre o culto às imagens.

8. **4º Concílio de Constantinopla:** realizado em 10 sessões de 5 de outubro de 869 a 28 de fevereiro de 870, no papado de Adriano II (867-872), tentou resolver a questão do cisma do patriarca Fócio e elaborou 27 cânones.

1. **1º Concílio de Latrão:** realizado de 18 de março a 6 de abril de 1123, quando o papa era Calixto I (1119-1124), confirmou a concordata de Worms[1], resolvendo a luta das investiduras, e elaborou 25 cânones.

2. **2º Concílio de Latrão:** realizado em abril de 1139, quando Inocêncio II governava a Igreja (1130-1143), tentou resolver o cisma de Anacleto, elaborando 30 cânones.

3. **3º Concílio de Latrão:** com 27 capítulos, foram 3 sessões realizadas de 5 a 19 de março de 1179, no papado de Alexandre III (1159-1181). Nele foi definido ser necessário mais de 2/3 de votos na eleição do Papa.

4. **4º Concílio de Latrão:** realizado em 3 sessões de 11 a 30 de novembro de 1215, elaborou 70 capítulos criando a profissão de fé contra os cátaros, definiu a transubstanciação, confissão e comunhão anual. Nesse tempo, Inocêncio III governava a igreja (1198-1216).

5. **1º Concílio de Lion:** realizado em 3 sessões de 28 de junho a 17 de julho de 1245, quando Inocêncio IV era Papa da Igreja (1243-1254), depôs o imperador Frederico II e elaborou 22 cânones.

6. **2º Concílio de Lion:** realizado de 7 de maio a 17 de julho de 1274, em 6 sessões, no tempo em que Gregório X (1271-

[1] Os imperadores possuíam muita autoridade sobre a Igreja, elegendo e consagrando os novos bispos e papas. São Gregório VII começou um movimento de reforma e desafio à autoridade temporal, reivindicando o direito das investiduras para a autoridade do Papa. No ano de 1122, conforme se acirravam ainda mais as relações entre Igreja e Estado, o Papa Calisto II e o Imperador Henrique V chegaram a um acordo de tréguas, o que ficou conhecido como Concordata de Worms.

1276) era Papa, buscou a união entre oriente e ocidente, tentou organizar as cruzadas, organizou a regulamentação dos Concílios e elaborou 31 capítulos.

7. **Concílio de Vienne:** em 3 sessões, realizadas de 16 de outubro de 1311 a 6 de maio de 1312, suprimiu a Ordem dos Templários, tentou resolver a questão sobre a pobreza que existia na ordem franciscana e elaborou também decretos de reforma. Reinava na Igreja, nessa época, papa Clemente V (1305-1314)

IDADE MODERNA

1. **Concílio de Constança:** em 45 sessões, realizadas de 5 de novembro de 1414 a 22 de abril de 1418, tentou solucionar o grande cisma da Igreja Ocidental, demitindo o antipapa romano Gregório XII (1405-1415), depondo o papa João XXIII, de Roma (1410-1415), e o antipapa Benedito XIII, de Avignon (1394-1415). No lugar dos três Papas, foi eleito Martinho V, em 11 de novembro de 1417. Esse Concílio condenou também o reformista João Huss e decretou a supremacia do Papa sobre os Concílios. Houve uma concordata entre as cinco nações que dele participaram.
2. **Concílio de Basileia – Ferrara – Florença:** em Basileia, foram realizadas 25 sessões, de 23 de julho de 1431 a 7 de maio de 1437, convocadas por Martinho V (1417-1431). Depois o Concílio foi transferido para Ferrara e, posteriormente, para Florença. Foi nesta cidade que se tentou realizar a união com os gregos, em janeiro de 1439, e com os jacobitas, em 1442.

Após foi transferido para Roma, em abril de 1442, e demorou 11 anos no total.

3. **5º Concílio de Latrão:** realizado de maio de 1512 a março de 1517, elaborou decretos de reforma da Igreja e agiu contra o Concílio de Pizza, que era cismático. Júlio II, que era o papa (1503-1513), foi sucedido por Leão X (1513 a 1521).

4. **Concílio de Trento:** convocado por Paulo III (1534-1549) e continuado por Júlio III (1550-1555) e Pio IV (1559-1565), foi realizado em 25 sessões de dezembro de 1545 a dezembro de 1563, em três períodos de sessões. Esse Concílio veio como incentivador das medidas de reforma da Igreja, logo após a Reforma Protestante, definiu a doutrina a respeito das Sagradas Escrituras, da Tradição, do pecado original e da justificação, clareando a doutrina dos sacramentos e do culto aos santos. Ademais, elaborou decretos de reforma.

IDADE CONTEMPORÂNEA

1. **Concílio Vaticano I:** realizado em 4 sessões, de dezembro de 1869 a julho de 1870, quando era papa Pio IX (1846-1878), definiu a doutrina da fé católica e o dogma da Infalibilidade Pontifícia

2. **Concílio Vaticano II:** realizado em 9 sessões e 168 congregações gerais, distribuídas em 4 períodos de reuniões sob o pontificado papa João XXIII (1958 a 1963) e Paulo VI (1963-1978), aconteceu de 1963 a 1965 e elaborou: 4 constituições sobre a liturgia, a Igreja, a revelação divina e a Igreja no mundo de hoje; 9 decretos, falando sobre meios de comunicação,

ecumenismo, Igrejas orientais, ofício pastoral dos bispos, vida religiosa, formação sacerdotal, apostolado dos leigos, missões e vida sacerdotal; e três declarações sobre os temas educação católica, religiões não cristãs e liberdade religiosa.

3

OS CONCÍLIOS ECUMÊNICOS DA IDADE ANTIGA

3.1. CONCÍLIO DE JERUSALÉM (48/50 D.C.)

O mundo antigo e a Ação Missionária da Igreja

Jesus nasceu, provavelmente, no ano 6, antes de nossa era, quando Tibério era o governador de Roma (14 a.C. a 37 d.C.). O Império Romano abarcava a maior parte do mundo conhecido até então, criando a chamada *Pax Romana*. A cidade de Roma, no auge desse período, chegou a ter mais de 1 milhão de habitantes.

Esse Império se organizava em Províncias, e, em cada uma delas, existia o procurador que cuidava dos interesses gerais. Na Palestina, ele morava na cidade de Cesareia, que ficava próxima ao litoral, e somente se deslocava até Jerusalém por ocasião das festas, solenidades ou em caso de extrema necessidade.

Apesar de Roma dominar o mundo, por todo canto se sentia a influência da cultura helênica, e o grego era a língua comercial de então.

O mundo judaico

A cidade de Jerusalém tinha aproximadamente 50 mil habitantes, sendo o coração do mundo judeu. Lá estava o templo de

Salomão, que devia ser visitado ao menos uma vez ao ano. No país e no meio do povo, sentia-se a influência do Sinédrio, órgão máximo de governo, mas também se visualizavam a luta e a disputa entre os grandes partidos político-religiosos, que buscavam manter sua influência sobre o povo.

Depois do desenvolvimento da vida histórica de Jesus Cristo, com sua paixão, morte e ressurreição, após Pentecostes e até o ano 43 de nossa era, a atenção da Igreja esteve concentrada em Jerusalém e ali, além dos partidos político-religiosos, existiam outros grupos sectários, como os herodianos, os batistas, os galileus, os samaritanos e outros menos relevantes.

Os tempos iniciais da caminhada histórica da Igreja foram essenciais para que ela se estruturasse em sua vida interna e no seu agir missionário, desligando-se, aos poucos, do mundo e das tradições religiosas e culturais dos judeus.

No seio da comunidade cristã, começaram a surgir algumas questões que, mais tarde, na medida do possível, encontrariam uma solução de consenso, como o problema relativo aos judaizantes, ao conflito com os helenistas e à tentação do milenarismo daqueles que aguardavam a vinda imediata do Messias.

Com a ação missionária inicial, o cristianismo atingiu a Galileia e a Samaria, onde se deparou com o movimento dos batistas e dos magos.

Nesse contexto é que surgem as primeiras dificuldades porque o crescimento do número de cristãos incomodava os judeus, sobretudo o Sinédrio, dando origem aos primeiros casos de perseguição aos cristãos e também aos primeiros casos de martírio da Igreja (Estêvão e Tiago).

Motivado pelo ardor missionário e, ao mesmo tempo, pela pressão dos judeus, o cristianismo concentrou suas forças na evangelização dos gentios fora da Palestina, e Antioquia se tornou a 2ª sede da Igreja e um importante polo de evangelização, de onde muitos saíam para a missão.

A revolta dos judeus contra o domínio romano fez com que a cidade de Jerusalém fosse invadida e destruída por Roma no ano 70 d.C, tornando-se uma cidade pagã com o nome de *Aedes Capitolina*.

Uma Igreja ministerial e missionária

A destruição de Jerusalém levou os cristãos a se livrarem cada vez mais das amarras do judaísmo oficial, podendo se desenvolver mais livremente no mundo helênico.

Os anos de 70 a 140 d.C constituíram um período de forte expansão. Os apóstolos se dividiram pelo mundo de então e, por volta do ano 100, os cristãos já formavam umas 50 comunidades espalhadas pela Palestina, Ásia Menor, norte da África e Itália.

A caminhada missionária da Igreja sempre foi marcada por dificuldades e desafios. Primeiro ela concentrou sua atenção em Jerusalém, cidade onde nasceu, ali enfrentando a complexidade do mundo judeu e a pressão de outros grupos, alguns poucos identificados, por serem correntes opostas ao judaísmo oficial.

Com o trabalho dos apóstolos e de seus sucessores, a fé cristã entrou na Samaria, na Transjordânia, na Galileia, sendo levada para fora do contexto da Palestina, entrando na Ásia Menor, Oriente Médio, norte da África e Europa.

As mais florescentes comunidades cristãs do primeiro século estavam em Jerusalém, Antioquia, Damasco e Roma, onde, mesmo antes da chegada de Pedro e Paulo, já havia uma comunidade de cristãos. O cristianismo, porém, tomaria uma feição diferente e entraria, de vez, no mundo helênico, com a missão de Paulo, o grande Apóstolo dos gentios.

A missão de Paulo e seus companheiros

Quando Paulo e Barnabé iniciaram sua missão apostólica, partindo de Antioquia, associaram-na à dos apóstolos, estando em contato permanente com eles, reportando o sucesso ou o fracasso de cada missão. Chamados de profetas ou de doutores, foram delegados a eles os mesmos poderes dos apóstolos, colocando-se acima da organização local das comunidades.

Desde o início, a missão é da Igreja, e os apóstolos são aqueles que a realizam, explicando dessa forma a estreita ligação daqueles de Antioquia com o grupo dos apóstolos constituído por Jesus.

A missão de Barnabé e Paulo se dirigia ao mundo dos prosélitos, e a partida dos missionários sempre era antecedida de uma cerimônia especial, na qual a comunidade se reunia, impunha as mãos sobre aqueles que eram enviados, rezava e conferia os poderes dos apóstolos.

Na cidade aonde chegava, Paulo procurava primeiro os judeus, mas, sentindo-se recusado, voltava-se aos pagãos. Em diversos lugares missionados por ele e seus companheiros, já existiam comunidades cristãs constituídas ou ao menos algumas formadas por judeu-cristãos. Isso facilitava bastante o trabalho missionário. Mesmo em Roma, antes de sua chegada, já havia sinais do Cristianismo.

A Igreja precisaria, porém, estar preparada para enfrentar inimigos e obstáculos bem mais fortes e vigorosos que teria pela frente nos séculos vindouros.

Jerusalém – A Igreja em reunião (48/50 d.C)

Nas comunidades organizadas nas regiões evangelizadas, sobretudo em Antioquia, começou a surgir uma séria questão, porque as pessoas vindas da Judeia, com a cultura e religião dos judeus, passaram a ensinar que os convertidos ao cristianismo deveriam assumir os elementos de sua fé judaica, entre eles a circuncisão. A explicação fundava-se no nacionalismo judaico, pois nesse tempo o judaísmo já começara a entrar em atrito com Roma, e a circuncisão, praticada como ritual da Lei Mosaica, passara a ser vista como um meio de afirmação de sua identidade nacional; assim os cristãos recém-convertidos eram forçados a essa prática.

O grupo liderado por Paulo e Barnabé compreendia que não se podia ligar o cristianismo nascente ao destino temporal ou político de Israel, pois isso dificultaria sobremaneira o trabalho missionário. Esse problema, chamado depois Questão dos Judaizantes, motivou a reunião. Paulo e Barnabé eram defensores dos gentios e da não circuncisão.

Diante da gravidade da situação, a comunidade de Antioquia decidiu enviar Paulo, Barnabé e Tito para se encontrarem com os apóstolos em Jerusalém, tratando diretamente com eles sobre essa questão.

Em Jerusalém, os missionários foram recebidos pelos apóstolos e anciãos da comunidade-mãe e, depois de uma profunda discussão, chegaram a um consenso. Pela decisão tomada, os cristãos recém-convertidos do paganismo não podiam ser obrigados a assumir os elementos próprios da cultura dos judeus, em contrapartida deveriam se abster de consumir carne imolada aos ídolos, carne sufocada e também se abster da fornicação.

O encontro, que ficou conhecido como Concílio de Jerusalém, mesmo não sendo aceito por muitos como ecumênico, possui uma profunda relevância na Igreja, desde então.

Significados do Concílio

O Concílio de Jerusalém aconteceu entre os anos 48/49 ou 50/51 da era cristã. Adotando uma atitude de consenso, descrita anteriormente, inaugurou uma prática muito comum na Igreja até os dias de hoje, pois este sempre deve prevalecer sobre a discussão; a prova de que as comunidades não romperam as relações é que as coletas para ajudar a comunidade de Jerusalém continuaram. Depois do concílio, Pedro visitou as comunidades helênicas, e Paulo realizou outras viagens missionárias, separando-se de Barnabé. Conforme a Ásia Menor foi sendo missionada por outros, Paulo foi se dirigindo mais para longe.

A reunião apostólica de Jerusalém trouxe ainda alguns significados que marcaram a vida e a caminhada na Igreja no período subsequente.

Esse Concílio significou o rompimento definitivo da Igreja nascente com o judaísmo, abrindo-se à universalidade. Essa ruptura se acentuaria bastante nos anos seguintes. Durante muito tempo, haveria, inclusive, uma indisposição dos cristãos contra os judeus, que passaram a ser vistos e acusados pela morte de Jesus.

Também mostrou uma primeira organização da Igreja, indicando o papel de destaque do grupo dos doze apóstolos que representavam a unidade da Igreja. E, embora tenha regulamentado definitivamente a questão da circuncisão dos gentios, por muito tempo, a questão do nacionalismo judeu ainda apareceu em certas discussões.

Depois de Jerusalém, Paulo se tornou o grande missionário da Igreja nascente, e muitas comunidades foram fundadas ou fortalecidas por ele durante suas viagens.

Sua atividade missionária possivelmente continuou depois de sua prisão domiciliar em Roma: possivelmente ele tenha chegado à Espanha. Paulo foi martirizado em Roma durante a perseguição de Nero, no ano 64.

Na metade do primeiro século, a Igreja enfrentou um problema bem mais abrangente relacionado com gnosticismo.

3.2. CONCÍLIO DE NICEIA (325)

Um Império de marcas cristãs

O tempo passou, e a missão continuou. Quando chegou o século IV, graças à política religiosa do Imperador Constantino e de seus sucessores, sobretudo de seu filho Constâncio II, a Igreja começou uma fase nova em sua história de quatro séculos. Foi um tempo de paz para a Igreja de Cristo, cujos obstáculos de ordem legal ou material foram sendo removidos, e a evangelização progredindo com energia renovada.

Em todas as regiões do Império, as conversões se multiplicavam, atingindo a classe mais baixa e a mais elevada da população, representada pelos soldados e pelos patrícios. As sedes episcopais se multiplicavam, e a atividade teológica era bem intensa graças, primeiramente, aos Santos Padres e, depois, às gerações seguintes de escritores e apologetas cristãos.

No regime monárquico, dificilmente havia uma voz que se elevasse contra os mandos ou desmandos do imperador. Por essa razão, a política religiosa do imperador Constantino foi acatada, quase sem dificuldades. Apenas no reinado de Constâncio, sobrinho do imperador, o movimento de cristianização do Império foi perturbado, mas não interrompido.

Passando a metade do século IV, o Imperador Juliano, chamado de "o Apóstata" (361-363), tentou reconduzir o Império ao paganismo, muito a seu estilo, mas sem grande sucesso.

A ordem das coisas foi se invertendo: os hereges passaram a ser perseguidos, o paganismo, aos poucos, foi sendo interditado, seus templos destruídos, fechados ou entregues aos cristãos, e, finalmente, o Império passou a ser conhecido oficialmente como cristão, querendo ser uma espécie de materialização do Reino de Deus aqui na terra. Os problemas, porém, surgiram mais fortes, e a dicotomia entre utopia e realidade logo se tornou visível.

Na primeira metade do século IV, depois de 3 séculos de história, a organização da Igreja se desenvolveu e se estruturou bastante: foi chamada católica, quer dizer, universal, tendo por base a autoridade episcopal. As comunidades locais formaram uma rede ligada à pessoa do bispo, cujo título cresceu em status e importância.

A Igreja se fortaleceu com o grande número de fiéis e um clero fortemente hierarquizado com a distinção de bispos, padres, diáconos, subdiáconos, ordens maiores e menores.

Pouco a pouco, foi se estabelecendo a distinção entre aquilo que era próprio de um ministério para o qual deveria haver uma vocação especial distinta daqueles que se tornavam funcionários da Igreja. Nesse contexto, algumas categorias ganharam vida própria e estatuto independente. Na categoria dos funcionários, entraram os porteiros, os coveiros (fossores); na categoria dos independentes, entraram as viúvas, as virgens consagradas, as diaconisas.

Até o século IV, os membros da comunidade podiam participar na indicação daquele que assumiria as funções episcopais. Aos poucos, esse costume foi sendo abolido, e o clero local passou a indicar o candidato. Um pouco mais tarde, também este perdeu essa função, ficando os bispos das províncias com o encargo.

A Igreja estava prestes a se deparar com o crescimento de alguns movimentos heréticos e cismáticos, e o primeiro deles foi o Movimento do Donatismo.

Perturbações doutrinais ferem a ordem da Igreja

No ano de 317, o Imperador Constantino promulgou uma lei contra os cismáticos, determinando que suas igrejas fossem entregues à força. Os donatistas reagiram a essa medida, e o exército imperial precisou intervir. No ano 321, o imperador voltou atrás, concedendo a tolerância ao movimento, que se propagou com mais facilidade.

Somente no ano 411, com o imperador Honório, a questão foi encaminhada. Ele reuniu uma grande conferência de debate em que se projetou a figura de Santo Agostinho, forte no combate aos donatistas, que, embora derrotados, considerados fora da lei, continuaram sua ação.

A entrada dos povos germânicos no império, especialmente dos vândalos que tomaram o Norte da África, determinou o fim, não só do movimento, mas também de muitas comunidades cristãs florescentes.

O Donatismo

A questão mais séria é que todo movimento cismático provoca um grande prejuízo para a Igreja, que perde sua paz interna, harmonia e união. No caso do Donatismo, houve um grande prejuízo para a atividade missionária da Igreja africana, porque o movimento fez com que a energia vital fosse gasta sem necessidade e, ainda por cima, dividiu as comunidades, gerando ondas de fanatismo que levaram à violência e morte.

A igreja cismática donatista, originada do pensamento do herege Donato, imaginava-se como uma igreja de santos que não podia ter compromisso de nenhuma espécie com a realidade temporal, nem com o Império, nem com a própria Igreja. Somente eles se imaginavam com a razão, por isso se colocavam contra todos. Em sua concepção, somente aqueles de seu movimento eram mártires e mereciam culto, pois pertenciam à santa e verdadeira Igreja.

A formulação teológica dos donatistas deu base a alguns excessos cometidos por seus membros, como a prática do suicídio coletivo, diversos incidentes contra a polícia do imperador e aproveitamento de pessoas em relação ao movimento, causando saques, atos de terrorismo e vandalismo contra aqueles que nada tinham a ver com a questão.

Na análise do movimento originado pelo bispo Donato, vemos características que, à sua maneira, atingem quase todos os movimentos heréticos e cismáticos. Umas das características mais fortes são a não aceitação da autoridade eclesial e a colocação da razão única e exclusiva de seu lado, sentindo-se os donos da verdade.

O Imperador Constantino morreu no ano 337, mas, antes disso, em 335, havia dividido o Império entre seus três filhos e dois sobrinhos. Começou então uma luta fratricida entre eles gerando mortes, desuniões e o enfraquecimento ainda maior do Império, que já estava decadente.

O tempo de Constantino e de seus filhos marcou a vitória definitiva do cristianismo sobre as demais religiões e a completa cristianização do Império, que estaria caminhando para ser oficialmente cristão.

Depois desse período de divisão e lutas, por intermédio do Imperador Juliano, o "Apóstata", o Império se unificou novamente.

Antes disso, porém, dois problemas de extrema gravidade chamaram a atenção da Igreja e do Império, o cisma provocado pela heresia donatista e o arianismo muito mais forte e organizado.

O Arianismo

Assim como a Igreja do norte da África se viu abalada com o problema do Donatismo durante o reinado do Imperador Constantino, outra heresia, o Arianismo, prejudicou muito a vida da Igreja no século IV.

O arianismo teve origem no Sacerdote Ário, natural de Báucalis, por isso seu nome. Ário nasceu no ano 257 e se opôs com violência a seu bispo Alexandre por causa de seu pensamento. No início, era um problema interno da Igreja, com a oposição entre dois pensamentos teológicos ou duas correntes distintas. Aos poucos, o problema saiu do interior da Igreja local e ganhou dimensões regionais.

Ário foi formado na igreja de Antioquia, sendo aluno do mártir São Luciano. Depois se mudou para Alexandria, a Diocese de maior importância no norte do Egito. Foi daí que seu pensamento teológico errôneo começou a espalhar-se.

O bispo Alexandre reuniu cerca de 100 bispos do Egito e da Líbia em um sínodo, condenando sua doutrina e excomungando seus propagadores. Ário não aceitou a condenação e, junto de um pequeno grupo de seguidores, levou sua doutrina para outras regiões.

A heresia foi alastrando-se e atingiu boa parte do Império Romano, criando grande perturbação no seio da Igreja Católica, levando o Papa desse período, São Silvestre, e também o imperador a pensarem na convocação de um Concílio Ecumênico.

O arianismo era uma doutrina herética baseada na interpretação errônea do mistério da Santíssima Trindade. Para Ário e seus discípulos, o Filho (Jesus) não se identificava com o Pai (Deus). Para eles o Verbo encarnado não era Deus, por isso não havia redenção.

Para o arianismo o Pai era o único e verdadeiro Deus, único não gerado, o único ser de todos os seres. Segundo eles, o Filho recebeu a vida e o ser do Pai.

Em sua doutrina teológica incompleta e parcial, Ário e seus seguidores propuseram quase que uma subordinação do Filho ao Pai.

É importante lembrarmos que, durante um bom tempo, o imperador Constantino se manteve indeciso entre o cristianismo puro e o arianismo, sendo que isso facilitou sua propagação.

Mesmo o Concílio que fora convocado ajudou a colocar mais confusão e, só com muito custo, a questão foi resolvida.

O Concílio de Niceia (325)

Para solucionar a questão relacionada com a doutrina do arianismo, buscou-se um consenso entre o Papa e o Imperador, as duas maiores autoridades de então, levando à convocação de um Concílio para a cidade de Niceia, perto de Nicomédia.

O concílio foi convocado para o ano 325, sendo realmente o primeiro concílio ecumênico da Igreja. Dele participaram cerca de 250 bispos de todas as Igrejas mais representativas da época, e a maioria era proveniente da Ásia Menor, pois nesse tempo as dificuldades de comunicação e transporte eram muito grandes, apesar das facilidades oferecidas pelo imperador.

O Concílio de Niceia criou a fórmula da consubstancialidade, originária do grego "homousios". Suas discussões foram sintetizadas no chamado "Símbolo de Niceia" que, mais tarde, foi completado pelo de Constantinopla. Ainda hoje, nas celebrações da Igreja, durante a Profissão de Fé, reza-se este símbolo que diz que "Cristo é consubstancial ao Pai", mostrando a identidade perfeita entre o Pai e o Filho. Pelo Símbolo de Niceia, Jesus Cristo foi proclamado como Deus de Deus, luz da luz, Deus verdadeiro de Deus verdadeiro, sendo gerado e não criado.

O Concílio de Niceia também se serviu, em suas proposições, não apenas das Sagradas Escrituras, mas do trabalho dos maiores eruditos de então, mostrando que a revelação pode ser elucidada pela ciência teológica. Isso contribuiu na formulação dos dogmas da Igreja.

Além dessa afirmação teológica, outras medidas disciplinares foram tomadas pelo concílio, que condenou Ário e seus seguidores, levando ao desterro aqueles que não aceitaram a Fórmula de Niceia. Além do mais, o concílio decidiu outras questões teológicas menores.

Resultados do Concílio

Apesar da promulgação dos decretos do Concílio, a questão doutrinal não foi resolvida facilmente, porque o imperador Constantino, mais uma vez, titubeou, permitindo que Ário e seus seguidores voltassem do exílio, como ortodoxos.

Essa posição do imperador é um dos argumentos utilizados por certos estudiosos para duvidar de sua conversão, ao menos da sinceridade de sua conversão. Ele era muito influenciado, sobretudo, por sua irmã Constância e mudava facilmente de posição.

O arianismo encontrou um campo fértil de propagação entre os povos germânicos, e vários deles, sobretudo os visigodos, que dominaram a Península Ibérica, ao longo do século VI, foram muito influenciados por essa doutrina.

Os imperadores Constâncio e Juliano, o "Apóstata", acabaram influenciando muito por sua atitude de tolerância com os arianos. Somente no reinado do imperador Teodósio, a questão foi encaminhada de vez. Mas, para que isso acontecesse, destacou-se a impressionante figura de Santo Atanásio, além de outros grandes homens da Igreja desse tempo, como são Basílio e Santo Ambrósio de Milão.

3.3. O PRIMEIRO CONCÍLIO DE CONSTANTINOPLA (381)

1º Concílio de Constantinopla (381)

Foi convocado para a cidade de Constantinopla, capital do Império do Oriente (atual Istambul), no ano 381. Nas principais medidas e decisões tomadas pelo concílio, estão a confirmação do símbolo de Niceia e de suas decisões. Também condenou as principais heresias desse período e produziu o chamado Símbolo de Constantinopla, que resume, em poucas frases, o credo da Igreja, que serviu de base para toda a catequese e instrução posterior. Ainda hoje, em nossas celebrações, rezamos o Símbolo Niceno-Constantinopolitano.

A grande força da Igreja

Após o reinado do Imperador Constantino, aconteceram altos e baixos na administração do Império. Com a morte do Imperador Juliano, o "Apóstata", a ortodoxia cristã triunfou definitivamente, e o cristianismo foi proclamado como religião oficial do Império Romano.

No reinado do Imperador Teodósio, o Grande (378-395), deu-se o apogeu do império de marcas cristãs. No ano 380, foi sancionada uma lei que dava a seguinte ordem: *"É vontade expressa do Imperador que todos os povos sigam a fé da Igreja Romana Cristã".*

Nesse tempo da oficialização do cristianismo, teve início a reflexão sobre o sentido do poder e da autoridade, mostrando como o cristão deveria se comportar diante da lei e da autoridade. Mas, com a lei promulgada em 380, a situação dos pagãos começou a se inverter. Eles passaram a ser diminuídos em seu poder, perdendo alguns de seus privilégios: todos os que abandonassem a fé cristã perderiam o direito de reunião. Ao lado disso, os arianos foram obrigados a devolver suas igrejas e seus templos, e todo culto que envolvesse adivinhação e magia foi também proibido.

No ano de 382, outra lei passou a considerar os não cristãos como foras da lei, assim só os cristãos adquiriram pleno direito à cidadania.

Graças à ação de grandes Papas, como Silvestre I (314-335), Júlio I (337-352), Libério (352-366) e Dâmaso I (366-384), e ao esforço de grandes personalidades da Igreja, como Santo Ambrósio de Milão (cujos sermões inflamados converteram Santo Agostinho), Santo Hilário de Poitiers, São Martinho de Tours e diversos outros, a Igreja Romana ganhou força, firmando-se cada vez mais como o centro da cristandade.

Algumas questões teológicas e disciplinares surgiram nesse período, colocando em risco a unidade da Igreja. Entre o fim do século IV e início do século V, foram realizados muitos sínodos regionais na Espanha, África, em Gálias e no Oriente. A partir de então, os sínodos se tornaram um importante instrumento na organização da vida eclesial e normatização de muitas regras de vida e disciplina da Igreja.

Como nesse tempo ainda não havia um código elaborado, compilando todas as leis da Igreja, os sínodos foram de grande valia na elucidação de alguns pontos de sua doutrina e da disciplina interna de seus membros.

O fim do século IV e início do século V evidenciaram a necessidade de solucionar alguns problemas internos da Igreja, dos quais mais importantes seriam as doutrinas errôneas do donatismo e o arianismo, seguidos de algumas questões menores que merecem uma citação.

O macedonianismo. É originário do pensamento contraditório do patriarca Macedônio, de Constantinopla. Ele negava a divindade do Espírito Santo, dizendo ser o Espírito apenas superior aos anjos, mas subordinado ao Pai. Segundo Macedônio, a missão do Espírito Santo era a de prover a distribuição das graças e dos dons.

Apolinarismo. Heresia derivada de Apolinário, seu iniciador. Dizia que Cristo era verdadeiro Deus, mas sua natureza humana era incompleta, como um corpo sem alma. O Verbo, às vezes, fazia-se de alma para que houvesse uma unidade completa. Apolinário era bispo de Laodiceia.

Priscilianismo. Heresia derivada de Prisciliano. Era um movimento separatista e de caráter rigoroso, cujos seguidores se consideravam puros e inspirados por Deus. Professavam a pobreza radical, a continência sexual, a abstinência de carne e proibiam o matrimônio. Esse movimento se propagou principalmente na Espanha.

Além dos movimentos heréticos, aconteceram também alguns movimentos separatistas ou cismas, porque provocaram uma forte divisão na Igreja. Quase sempre heresia e cisma andam juntos, prejudicando a ortodoxia, a disciplina e a unidade da Igreja.

Cisma de Malécio: Malécio era bispo de Antioquia e foi considerado suspeito de ser favorável ao arianismo.

Por causa desses e outros movimentos heréticos e cismáticos de menor dimensão, a Igreja passou a promover a realização de sínodos e Concílios. Depois de Niceia, veio o grande Concílio de Constantinopla para tentar solucionar esses problemas.

Resultados do Concílio

Ao longo dos 4 séculos iniciais da caminhada histórica, a ação da Igreja se desdobrou em 2 níveis: um interno e outro externo. No âmbito interno, tratava de fortalecer a instituição, criando e reforçando as estruturas necessárias garantidoras de sua vida e de sua missão. No contexto externo, buscou cumprir a missão herdada do Divino Fundador, sendo porta-voz da Boa Notícia do Evangelho. O período que foi do século IV ao século VI representou um tempo muito fértil e intenso no campo da evangelização e da missão.

A ação missionária ainda não estava organizada e comandada pelo Sumo Pontífice, como aconteceu a partir de são Gregório Magno, no século VI. Por enquanto, a missão era feita de forma espontânea, e o sucesso vinha em grande parte de iniciativas particulares.

Nesse período, a cristianização do Império Romano já havia se completado, tanto no Ocidente quanto no Oriente, e o Evangelho era levado para fora das fronteiras do Império.

Novas questões doutrinais e a necessidade de se buscar a solução do distanciamento entre a Igreja do ocidente e do oriente demandariam a realização dos grandes concílios ecumênicos.

3.4. CONCÍLIOS DE ÉFESO, CALCEDÔNIA E CONSTANTINOPLA II E III

Entre os argumentos mais importantes desenvolvidos pela Igreja ao longo dos tempos, com a finalidade de solucionar seus problemas, principalmente os doutrinais, sendo importantes na definição dos dogmas e na catequese do povo, podem ser citados os Concílios. Os mais importantes pela abrangência e repercussão são os chamados Ecumênicos. Cada concílio ecumênico devia contar com a participação de representantes da Igreja de todo o mundo.

Na Antiguidade cristã, já haviam sido realizados três Concílios: o de Jerusalém, por volta dos anos 48/50; o de Niceia, no ano 325; e o Primeiro de Constantinopla, no ano de 381.

Ultrapassando os séculos iniciais de sua caminhada, o período que abrange do século V ao VII viu a realização de outros grandes concílios.

O Concílio de Éfeso (431)

Foi convocado e realizado no ano 431, na cidade de Éfeso, que abrigava uma das mais importantes comunidades cristãs, com o objetivo de buscar soluções para os principais desafios enfrentados pela Igreja neste tempo, principalmente a propagação de diversos erros doutrinais sobre a natureza e a pessoa de Jesus Cristo.

O Concílio de Éfeso condenou as doutrinas errôneas, fazendo a afirmação definitiva sobre Jesus Cristo: "*Cristo é Deus e uma só pessoa, e Maria é a mãe de Deus*", e a doutrina do Nestorianismo, determinando que seu iniciador Nestório fosse destinado ao exílio em um mosteiro vizinho de Antioquia e, mais tarde, no Egito.

Resultados do Concílio

Infelizmente, porém, os seguidores de Nestório não aceitaram as decisões do Concílio de Éfeso, criando um patriarcado próprio, cismático, que continuava a propagar o Nestorianismo, sobretudo na Índia e na China.

Ao mesmo tempo, um abade de um mosteiro de Constantinopla, chamado Êutiques, deu início à outra vertente do Nestorianismo afirmando que em Cristo existia uma só natureza. Apesar de ter sido condenado em um sínodo realizado em Constantinopla, no ano 448, ele encontrou bastante apoio no patriarca de Alexandria.

Nessa mesma ocasião, foi realizado um novo Concílio em Éfeso, que não entrou na ordem dos ecumênicos e que foi chamado de "*latrocínio*", porque não aceitou os legados enviados pelo papa São Leão Magno. Ainda por cima, essa assembleia reabilitou o abade Êutiques, fazendo com que a questão doutrinal persistisse. Por isso mesmo, mais tarde, fez-se necessária a convocação de outro concílio, que foi realizado em Calcedônia.

O Concílio de Calcedônia (451)

Aconteceu em 451, quase como uma continuidade do Concílio de Éfeso, realizado há 20 anos. Buscava-se resolver a doutrina errônea do Monofisismo, que afirmava que, em Jesus Cristo, há uma só natureza.

Em sua conclusão, elaborou um conjunto de 30 cânones, nos quais fora afirmado que "*Cristo é também homem e que nele há uma só pessoa e duas naturezas*".

Além de fazer as afirmações canônico-doutrinais, Calcedônia condenou de novo o abade Êutiques, que morreu alguns anos mais tarde, em 454.

Resultados do Concílio

Ainda dessa vez, o Concílio não conseguiu resolver totalmente os problemas doutrinais, porque a rivalidade crescente entre a Igreja do Oriente e a do Ocidente, representada principalmente por Roma e Constantinopla, prejudicou a vida e os trabalhos desenvolvidos.

Ao lado disso, havia a tensão entre os grandes patriarcados devido aos particularismos políticos em que se notava a ação nem sempre benévola dos monges, que tinham forte influência sobre as autoridades e sobre o povo.

Hoje, a doutrina do Monofisismo continua presente na Igreja da Armênia, Síria, Mesopotâmia e do Egito.

2º Concílio de Constantinopla (553)

Convocado apenas 102 anos após o anterior, esse Concílio, pela segunda vez, realizado na cidade de Constantinopla, aconteceu no ano 553. Deu continuidade à busca de solução dos problemas doutrinais da Igreja, sobretudo daqueles de natureza cristológica, como o Monofisismo. Para complicar ainda mais a situação, dificultando o entendimento, havia surgido outro problema chamado Monotelismo, que afirmava que em Cristo havia uma só vontade e uma só energia.

A questão do Monotelismo foi iniciada pelo patriarca Sérgio, de Constantinopla, que chegou ao ponto de exilar o papa Martinho I (639-655), que morreu por causa dos maus-tratos recebidos. Um fato como esse só fazia criar mais animosidade entre as duas Igrejas. A divisão cresceria muito nos séculos seguintes, provocando cisões, que ainda hoje não estão de tudo resolvidas.

Resultados do Concílio

Em verdade, essa foi a assembleia mais condenatória com a prescrição dos chamados três capítulos: os escritos e a pessoa de Teodoro de Mopsuéstia, os escritos e a pessoa de Teodoreto de Ciro, e uma carta de Ibas de Edessa, que defendia Teodoro contra Cirilo.

Paralelo a essas condenações, o Concílio também confirmou todas as decisões de Calcedônia.

3º Concílio de Constantinopla (681)

Pela terceira vez, o Concílio foi realizado na sede do patriarcado do Oriente, sendo iniciado no ano 680 e concluído em 681. Ele ficou conhecido como *trulano*, por ter ocorrido na sala da cúpula do palácio chamada de Trullus.

Em suas decisões, o terceiro Concílio de Constantinopla afirmou que *"Cristo é Deus e que nele existem duas vontades"*. Além de reafirmar a doutrina da Igreja, também condenou o

Monotelismo e determinou medidas repressivas a seus propagadores.

Resultados do Concílio

Nem o segundo nem o terceiro Concílio de Constantinopla promulgaram qualquer cânone disciplinar, mas a repercussão das medidas tomadas ficou muito prejudicada porque, dia por dia, crescia a rivalidade entre Roma e Constantinopla, com a complicação das relações entre o Papa e o Patriarca.

Oriente e Ocidente são duas igrejas cristãs, católicas, que seguem a mesma doutrina de nosso Redentor Jesus Cristo, mas não se entendiam em questões menores de cunho doutrinal ou disciplinar, também nem em questões de relacionamento político, porque Constantinopla se julgava a legítima sede do Império e não aceitava a supremacia de Roma e do Papa. Em se tratando dos discípulos de Jesus, a divisão é sempre um escândalo.

Nessa fase, já surgia outro complicador. No ano 622, Maomé iniciou seu movimento a partir da chamada Hégira, sua fuga da cidade de Meca para Medina. Em pouco tempo, o islamismo se expandiu em um ritmo fulminante, alastrando-se por todo o Oriente, pela Ásia Menor e pelo Norte da África, o que causou a perda dos territórios de três patriarcados do Oriente: Alexandria, Jerusalém e Antioquia.

O patriarcado de Constantinopla e o território do Império Romano do Oriente foram sitiados por quase oito séculos até serem tomados de vez em 1453.

No século XI, no ano de 1054, deu-se o rompimento definitivo entre as Igrejas de Roma e Constantinopla, que, apesar de diversas tentativas frustradas, só reataram suas relações em 1967, após o Concílio Vaticano II.

3.5. 2º CONCÍLIO DE NICEIA (787) E 4º DE CONSTANTINOPLA (869/870)

Durante o reinado do Imperador Leão III, em 726, teve início uma forte crise, chamada de Iconoclastia, por ter como base a oposição ao culto das imagens ou dos ícones. Esse movimento dividiu a Igreja Oriental ou Bizantina por mais de cem anos, criando dois partidos opostos, o que provocou uma grande onda de violência e de perseguição. Ela também trouxe grande agitação político-partidária à sociedade Bizantina, lançando mais lenha na fogueira da divisão entre Bizâncio e Roma.

A crise, que começou com um problema de cunho meramente religioso, ganhou uma roupagem política e cultural provocando grandes estragos.

A crise iconoclasta

No século VIII, os imperadores apoiados pelo exército e pelos artesãos começaram um processo de destruição das imagens, de perseguição aos que as cultuavam e de contrapropaganda entre o povo.

A Igreja, sobretudo os monges, começou um processo de resistência, o que gerou um longo conflito, em que muitos cristãos foram martirizados e outros se tornaram confessores da Igreja.

Os imperadores interferiam em assuntos da vida interna da Igreja, com o renascimento do cesaropapismo, tão funesto em diversas circunstâncias.

A luta iconoclasta somente começou a ser resolvida durante o reinado da imperatriz Irene, viúva do imperador Leão IV e regente de Constantino VI.

Niceia – Sétimo Concílio da Igreja

Apesar das dificuldades, aconteceu no ano 787 o Concílio Ecumênico de Niceia, que contou com a presença dos legados papais. Ele condenou os iconoclastas e determinou a verdadeira doutrina da Igreja a respeito das imagens, distinguindo entre adoração a Deus e veneração às imagens.

Condenando e repudiando a heresia iconoclasta, determinou que se provesse e se colocasse nas igrejas, junto com a Cruz do Senhor, santos ícones, para honrar e prestar homenagem a eles, elevando a alma e o coração a Deus, à Mãe de Deus e aos santos que são por eles representados.

Além do mais, também aprofundou a doutrina sobre a teologia da encarnação, deixando princípios orientadores sobre a arte religiosa.

Resultados do Concílio

Sob diversos aspectos, a luta iconoclasta marcou a história da Igreja, trazendo consequências duradouras para o campo da arte, a vida monástica e as relações entre Igreja e estado.

Ao mesmo tempo, os resultados mostraram a vitória da ortodoxia da Igreja, o fortalecimento da vida monástica oriental e o florescimento renovado da vida litúrgica, da arte cristã e da cultura greco-oriental.

Mas o grande prejuízo foi o aprofundamento da crise de relações entre o Oriente e Ocidente, Roma e Bizâncio.

Nesse período, a grande figura da Igreja foi São João Damasceno, que contribuiu para elucidar a doutrina da Igreja distinguindo entre adoração devida somente a Deus e veneração relativa às imagens de Cristo e dos santos. Sua teologia serviu de base às definições dogmáticas do Concílio, estendendo-se como fundamento da ortodoxia da Igreja em relação à arte religiosa, por vários séculos.

4º Concílio de Constantinopla (869/870)

Depois do sétimo Concílio Ecumênico, a perseguição aos ícones sagrados ressurgiu novamente sob os imperadores Leão V, de origem armênia, Miguel II e Teófilo, e por vinte e cinco anos continuou perturbando a vida da Igreja.

A veneração dos ícones sagrados foi finalmente restaurada e confirmada por um sínodo local de Constantinopla, realizado em 843 d.C, sob a imperatriz Teodora. Depois foi realizado o oitavo Concílio Ecumênico e, mais uma vez, em Constantinopla, iniciado em 869 e concluído em 870.

Mas a questão estava longe de ser resolvida, porque o partido intransigente não aceitava a reintegração do clero iconoclasta sem que houvesse severidade e punições. O Patriarca Ignácio, sob o reinado da imperatriz Teodora, como medida de conciliação, pendia mais para os intransigentes; sendo obrigado a se demitir, Fócio foi eleito Patriarca de Constantinopla. O imperador Miguel III convocou um concílio, pedindo que o Papa enviasse delegados a essa cidade. Um concílio local excomungou Fócio e restaurou o Patriarca Ignácio, e os dois passaram a coexistir.

Constantinopla não aceitou a intervenção de Roma, declarando rompimento. Um novo concílio foi convocado, mas Constantinopla sequestrou os barcos que levavam os documentos do sínodo a Roma.

Nisso tudo, o clero romano exigiu ainda que se acrescentasse a palavra *Filioque* ao Símbolo de Niceia, agregando mais um elemento de complexidade à questão que já era complicada.

Apesar de tudo, no fim, fez-se um agradecimento a Deus ter dado à Igreja a vitória sobre os iconoclastas e todos os hereges, e a celebração do triunfo da ortodoxia foi estabelecida no primeiro domingo da quaresma, festejada pelas Igrejas Orientais em todo o mundo.

Resultados do Concílio

Esse Concílio foi o último que, sendo ecumênico, foi aceito tanto pela Igreja do Ocidente quanto pela do Oriente.

Os partidários da Iconoclastia foram alvos de quatro anátemas lançados da última sessão, celebrada no palácio imperial de Magnaura, onde 300 bispos ratificaram os resultados do concílio, na presença da imperatriz (regente) Irene e de seu filho, Constantino VI.

O distanciamento, porém, entre Roma e Bizâncio era cada vez mais evidente e caminhava para um desfecho.

4

OS CONCÍLIOS ECUMÊNICOS DA IDADE MÉDIA

Idade Média – Elementos Característicos

O conceito de Idade Média foi assim definido pelos humanistas do século XV, pois perceberam alguns elementos marcantes que a distinguiam do período anterior, chamado de Antiguidade Clássica.

A nova forma de cultura que surgiu após a queda de Roma e do grande Império unificado, com a interpenetração dos elementos da cultura germânica, da cultura romana e do cristianismo, foi marcante, sobretudo para a formação do Império de Carlos Magno.

A unidade proporcionada pela fé cristã indicava a força da Igreja nesse período, formando uma civilização de marcas cristãs conhecida como cristandade medieval. A Igreja teve sua máxima representatividade no poder do Sumo Pontífice e se pôde dizer que a ideologia reinante se caracterizava pelo caráter político-territorial visto como Reino de Cristo na terra, no qual o sacerdócio, a monarquia e o povo tinham lugares e funções bem definidos.

A criação do Sacro Império Romano, a partir do século IX, promoveu a interligação entre a Igreja e o Império, com direitos e deveres de ambos os lados. Mais tarde, surgiu a famosa Lei das Duas

Espadas, que explicava essa união de iguais que, porém, provocou a submissão da Igreja e sua dependência do poder temporal.

Dessa forma, por ser a única classe letrada que vingou depois da queda do Império Romano, os membros da Igreja tiveram preponderância no campo da cultura, ajudando a preservar o legado que chegou até os dias de hoje.

O sistema feudal, por sua vez, criou laços de vassalagem, a fidelidade à antiguidade não se extinguiu de uma só vez, e seus principais elementos foram se apagando aos poucos, como se fosse uma chama balançada pelo vento. Em várias regiões da Europa, as tradições romanas continuaram coexistindo com os novos elementos, caracterizando uma fase de transição que durou séculos.

Papas, escolas e escritores cristãos contribuíram decisivamente para que essa passagem se fizesse de modo lento e gradual, ainda que algumas questões se apresentassem como prementes, entre elas a evangelização dos novos reinos formados, onde antes existira o grande Império Romano.

Missão da Igreja na Idade Média

Na fase inicial da Idade Média, chamada de Transição, a Igreja se dedicou com tenacidade ao cumprimento de sua missão, e, aos poucos, foram se destacando as grandes figuras do episcopado e do pontificado, entre eles a do grande Papa Gregório Magno (590-604).

O perigo provocado pelas invasões dos povos germânicos foi diminuindo, e para a Igreja, com o apoio do estado feudal, começou um período de restauração das escolas e a criação de centros de estudos para preservar a cultura clássica, com a instalação de oficinas de editores, tradutores e copistas.

Por outro lado, era preciso superar as disputas teológicas, defendendo a autoridade pontifical, pois muitos polemistas se aproveitaram do período de instabilidade para tentarem propagar suas ideias e teorias.

A Igreja também se destacou na implantação e direção de obras de caridade, que logo ficaram sobrecarregadas, especialmente nos tempos difíceis em que se vivia. Paralelo a isso, procurou também defender a população mais pobre, mais exposta aos malefícios das invasões.

Uma vez que o poder imperial praticamente desapareceu nos primeiros séculos da Idade Média, coube ao Papa assumir a defesa da cidade de Roma, tratando diretamente com os invasores o tributo que deveria ser pago para manter sua liberdade.

Na administração civil, não só o Papa, em Roma, como também os bispos, distribuídos pelas dioceses espalhadas por várias regiões, assumiram a administração civil, cuidando do abastecimento de comida, socorro aos indigentes, da libertação dos prisioneiros e do governo civil das cidades.

Compreendendo essa situação emergencial, entendemos por que a "Igreja foi a única instituição vitoriosa após a queda do Império Romano", contribuindo muito para a formação do novo sistema que, mais tarde, entrou em vigor. Saindo de cena o Império do Ocidente, automaticamente deveria ter sido substituído pelo Império do Oriente, mas não foi isso que aconteceu, e o distanciamento entre Roma e Bizâncio se alargou ao longo da Idade Média.

Vitalidade eclesial

O imperador não podia estar em Roma e Constantinopla ao mesmo tempo e mal conseguia defender Ravena da pressão dos lombardos. O grande imperador Justiniano deixou em Roma um duque para governar a cidade, mudando-se para o oriente. Mas, como ele praticamente não agia, o Papa assumiu o governo civil em seu lugar. Foi esse um dos fatores que favoreceu a criação dos Estados Pontifícios, porque quanto mais o Império de Bizâncio ia se retirando, mais o Papa crescia em poder.

A preponderância de Roma nunca foi aceita pelo imperador do Oriente, que se julgava lesado em seu poder e sua autoridade. O mesmo sentimento também acontecia com o Patriarca de Constantinopla. O distanciamento foi levando ao esfriamento das relações ou ao conflito, e essa questão, mais tarde, provocou o grande cisma da Igreja: a divisão entre Oriente e Ocidente, no ano de 1054.

Com a invasão dos povos germânicos, aconteceu um grande vazio institucional não somente na Itália, como também em outras regiões da Europa.

Os reinos organizados pelos povos invasores tinham uma organização bem elementar, diante daquela complexa representada anteriormente pelo Império Romano. Quando a Igreja passou a se envolver mais na ordem temporal, suprindo a falta de um Estado, levou a constituição do novo sistema que predominou por vários séculos, com a sacralização da ordem temporal. Assim ela assumiu um papel de salvaguarda da tradição, com predomínio em vários campos, especialmente na cultura e educação.

A Igreja criou então as primeiras escolas para a preparação dos candidatos ao sacerdócio, onde estudavam os filhos dos nobres. Bem mais tarde, a eles se juntaram outras pessoas não provenientes da nobreza.

Na Idade Média, também ocorreu uma melhoria das estruturas eclesiais com o incentivo ao trabalho dos mosteiros na preservação da cultura e do patrimônio herdado da antiguidade.

Paralelo a isso, aconteceu a multiplicação de paróquias rurais para atender a população espalhada pelos campos, na qual se contavam aqueles que haviam saído das cidades; elas foram providas de um clero nem sempre bem preparado.

Diversos bispos participavam da administração ordinária dos reinos como conselheiros para assuntos eclesiásticos e civis. Eles contribuíam com a elevação moral e cristã da sociedade, ajudando na codificação de leis e regras de governo.

A partir do século V, o processo de decadência do Império Romano se acelerou, ruindo de vez ao longo do século VI. Em seu lugar, deveria entrar o Império do Oriente, mas o Imperador estava incapacitado por causa dos muitos problemas que também estava enfrentando.

A grande missão da Igreja foi a evangelização. Ela se dedicou, com afinco, ao cumprimento desse compromisso, recristianizando a Europa e os novos reinos surgidos.

Independentemente dos vícios e pecados desse tempo, a Idade Média foi uma época de grandes Papas, de grandes missionários e de muita virtude e santidade de pessoas anônimas que ajudaram a cumprir a verdadeira missão da Igreja.

4.1. CONCÍLIOS DE LATRÃO, LION (1123 A 1213) E VIENNE (1311)

Tanto os imperadores como os Papas, de tempos em tempos, convocavam concílios com a finalidade de debater ou definir assuntos disciplinares e doutrinais. Os Papas reformadores que agiram na Igreja ao longo dos séculos XI e XII usaram mais dos sínodos diocesanos ou provinciais para realizar reformas e promulgar decretos e programas de governo.

Os sínodos não são universais ou ecumênicos, mas se destinam a uma Igreja particular diocesana ou provincial. Essas reuniões, feitas ao longo dos séculos, que formavam o período medieval, destinavam-se à publicação e ao registro de encontros políticos de interesse do pontificado e pouco tratavam dos pontos da doutrina ou da disciplina da Igreja. O distanciamento crescente entre a Igreja do Oriente e Ocidente também prejudicou bastante a realização e a consecução de bons resultados dos concílios dessa época.

No período, foram realizados quatro concílios ecumênicos, todos no Palácio de Latrão, sede do pontificado, em Roma, e depois dois na cidade de Lion, na França, quando o pontificado se colocou sob a influência deste país.

1º Concílio de Latrão (1123)

O primeiro Concílio de Latrão aconteceu no ano de 1123, quando a Concordata de Worms, um problema que vinha se arrastando há um tempo, estava quase terminando. Dele participaram cerca de 300 bispos, e, como principal resultado, publicavam-se os decretos de reforma da Igreja dos últimos sessenta anos.

Resultados do Concílio

O Concílio condenou os princípios do Nicolaísmo, a simonia, o controle laico sobre pessoas e bens eclesiásticos e elaborou também decretos em favor dos peregrinos e dos cruzados, sendo proibido aos monges administrar os sacramentos e celebrar missas públicas para fiéis leigos.

Nele o celibato se tornou uma disciplina obrigatória para todo o clero latino do Ocidente. O Concílio de Trento (1545-

1563) ratificou definitivamente o celibato como uma lei obrigatória a todos os clérigos da Igreja Latina Ocidental.

Esse primeiro Concílio de Latrão foi seguido de uma série de sínodos regionais que se encarregaram de colocar em prática suas decisões nas diversas nações.

Convocado pelo papa Calisto II para solucionar os vários problemas da Igreja, o Concílio promulgou um articulado de 70 números e 70 decretos.

2º Concílio de Latrão (1139)

Foi convocado pelo papa Inocêncio II, em 1139. Embora os bispos participantes fossem mais de 500, o Concílio não fez mais do que repetir a legislação de reforma das décadas anteriores, confirmando os decretos publicados desde o tempo do papa Gregório VII.

3º Concílio de Latrão (1179)

Esse terceiro Concílio foi convocado pelo papa Alexandre III, em 1179, quando a luta contra os imperadores e contra os antipapas já estava caminhando para o final.

Os padres conciliares eram mais de 300, e todos os países tinham ao menos um representante.

Resultados do Concílio

Além de repetir a legislação anterior, um decreto elaborado pelo próprio Papa e aceito por todos determinou que nas eleições futuras, quando não fosse conseguida a unanimidade, fosse considerado eleito o candidato que alcançasse dois terços dos votos entre todos os cardeais.

Essa determinação removeu o principal entrave que fazia com que as eleições não fossem claras nem incontestáveis, o que prolongava os conclaves em demasia. Graças a essa determinação, não houve mais a eleição de antipapas até o cisma de 1378, mas, nesse caso, os motivos foram completamente diferentes.

Além disso, foram determinadas as condições para que as eleições para outros ofícios e outras funções eclesiásticas fossem válidas, fixando também as idades requeridas para ocupar as diversas funções. Somente quem tivesse acima de 30 anos poderia ser indicado ao episcopado e quem tivesse acima de vinte e cinco poderia receber a ordem sacerdotal. Essas regras são válidas até os dias atuais.

O Concílio promulgou uma série de decretos que regulamentavam a sociedade cristã, sobretudo, em relação às atitudes disciplinares ou canônicas a serem tomadas contra os hereges.

4º Concílio de Latrão (1215)

Foi convocado em 1213, pelo papa Inocêncio III, e realizado em 1215. Entre seus objetivos, propunha a realização de mais uma cruzada e uma série de atos de reforma que atingiam todos os setores da Igreja.

Os decretos, que aprovados fazem parte da chamada "política de Inocêncio III", foram apresentados prontos pelo Papa, e os padres conciliares tiveram pouco tempo para o estudo e debate.

Esse Concílio tratou de poucas questões doutrinais e dogmáticas, mas, pela primeira vez, usou-se a palavra transubstanciação ao referir-se à Eucaristia. Incentivou a prática sacramental, sobretudo a confissão e comunhão anual, ao menos por ocasião da Páscoa.

Resultados do Concílio

Entre os decretos conciliares, há os que tratam dos hereges, da regulamentação da vida do clero e da eleição episcopal. A pregação nas missas de preceito tornou-se obrigatória, feita a regulamentação da administração dos diversos sacramentos definidos como sete.

Na verdade, o Concílio executou uma completa revisão da vida da Igreja, tanto em seu aspecto espiritual quanto no institucional, e nos lugares onde os decretos foram aplicados produziram um reflexo considerável na vida da Igreja, melhorando tanto a vida do clero como a do povo em geral. Foram estas algumas das principais atitudes do Concílio: condenação de várias heresias desse tempo, entre elas a dos cátaros, e a implementação da inquisição episcopal.

O Concílio também reconheceu os direitos e privilégios da Igreja de Bizâncio, considerada como a segunda depois de Roma, submetendo a ela todos os demais patriarcados.

Insistiu na realização de sínodos provinciais e na reforma dos costumes do clero e da disciplina eclesiástica, regularizando a administração dos sacramentos e impondo a necessidade da pregação. Ele também fixou a doutrina da transubstanciação e regulamentou a fundação de novas ordens religiosas.

Por decreto, estabeleceu diversas normas para o culto das relíquias, da cobrança de taxas e dos dízimos.

Fez-se a convocação de mais uma cruzada destinada a libertar a Terra Santa e, para isso, estabeleceu uma paz de quatro anos entre as nações e os príncipes cristãos para que pudessem fornecer soldados para a cruzada. Por fim, melhorou a situação religiosa dos maronitas.

No período de atuação do Concílio, o papa Inocêncio III recebeu em Roma São Francisco em 1210, ajudando-o a impulsionar a sua obra renovadora.

1º Concílio de Lion (1245)

O XIII Concílio Ecumênico da Igreja foi o papa Inocêncio IV que o convocou, em Lion, em junho de 1245. Ele, nessa época, fugiu do Imperador Frederico II, apelidado de Barbarossa, que estava empenhado em afirmar a supremacia imperial, opondo-se à Igreja, tendo inclusive tomado boa parte de seus territórios.

O objetivo principal do Concílio, além da deposição do Imperador Germânico, era o de planejar a realização de uma nova cruzada, a sétima, sob o comando de São Luís, rei da França.

O Concílio também definiu os maiores problemas da Igreja na época:

- Os pecados dos prelados e seus súditos;
- A insolência dos infiéis na Terra Santa;
- O cisma entre Oriente e Ocidente;
- As invasões dos tártaros na Hungria;
- A perseguição de Frederico II contra a Igreja.

Depois de ser anatematizado pelo Concílio, Frederico II começou uma campanha, primeiro doutrinal e moral e depois diplomática e militar, contra o Papa. Ele foi deposto pelo Concílio.

Com a ajuda dos franciscanos e dominicanos, a partir de 1246, deu-se início a uma cruzada contra Frederico II, levado, de derrota em derrota, à perda do poder e à morte, em 1250.

Resultados do Concílio

O Concílio contou com uma participação de 250 padres conciliares, inclusive dos patriarcas das igrejas orientais, realizando sua sessão de abertura no dia 26 de junho. Houve três sessões, no fim das quais 38 constituições e decretos trataram da reforma judicial contra a usura e o uso mais frequente da excomunhão. No fim do Concílio, aconteceu a deposição do Imperador Frederico II, do Sacro Império e de Sancho II, rei de Portugal, sob a acusação de ser um "rei inútil".

Na sequência, houve a Sétima Cruzada, que fracassou em seus propósitos, e se implementou o uso do chapéu vermelho para os cardeais, chamado de barrete cardinalício.

O Primeiro Concílio de Lion foi aceito como ecumênico bem mais tarde, no século XVI.

2º Concílio de Lion (1274)

Foi o papa Gregório X quem convocou o Segundo Concílio para a cidade francesa de Lion, em 1274. Dele participaram figuras ilustres, como os teólogos São Boaventura, Santo Alberto Magno e outros. O grande teólogo São Tomás de Aquino foi convidado, mas morreu quando estava a caminho, na Abadia de Fossanova.

Resultados do Concílio

A Igreja da segunda parte da Idade Média estava em convulsão, devido às muitas dificuldades enfrentadas, sobretudo em relação ao pontificado, mas ainda assim o Concílio de Lion alcançou resultados importantes, pondo fim ao cisma com a Igreja grega e decretando algumas normas para eleição dos Papas e regulamentação dos conclaves.

Lion promulgou vários decretos sobre a recepção das ordens sacras, apropriação de bens eclesiásticos, bigamia, usura, o culto divino e ordenou também as novas ordens religiosas. Por fim, incentivou mais uma vez a libertação da Terra Santa.

Entretanto a união das igrejas não durou muito, sendo desfeita poucos anos mais tarde, em 1281, devido a motivos políticos, e a grande crise instaurada com a excomunhão recíproca de 1054 ganhou novos contornos, porque o papa Martinho IV chegou a excomungar o imperador Miguel Paleólogo.

Concílio de Vienne (1311)

Foi o papa Clemente V que convocou esse concílio (1305-1314), realizado em 3 sessões, entre 16 de outubro de 1311 e 6 de maio de 1312, no sul da França. O Concílio enfrentou a desafiadora questão relacionada com a Ordem dos Templários, que foi suprimida depois de muita pressão política. Também tentou resolver a problemática sobre a pobreza que existia na ordem franciscana. Por fim, elaborou decretos de reforma.

Esse é, sem dúvida, um dos concílios menos conhecidos e menos comentados em toda a história da Igreja.

5

OS CONCÍLIOS ECUMÊNICOS DA IDADE MODERNA

Idade Moderna – Elementos principais

Desde o século XII, já vinham se desdobrando alguns sinais que marcariam o fim do período medieval e a transição do feudalismo ao capitalismo, que se desenvolveria em várias fases, começando pelo capitalismo comercial ou mercantilista industrial.

As cruzadas, convocadas a partir do ano de 1095, marcaram o retorno do processo de expansão europeia, dando início a uma série de transformações sociopolíticas, culturais e econômicas, a qual teve seu ápice com o renascimento artístico-cultural do período conhecido como "*Cinquecento*" (séculos XIV e XV), que só se tornou possível graças ao acúmulo de riquezas proporcionado pelo renascimento comercial.

A arte como um todo passou a ser patrocinada pela burguesia, que assumiu o papel de "mecenas" das artes, e o próprio Papa Júlio II se tornou um motor do desenvolvimento artístico-cultural.

Ao lado disso, a unificação política e a centralização do governo, conseguidas com a ascensão da burguesia e com o fortalecimento do estado, levaram, pouco a pouco, à instauração do sistema absolutista.

No âmbito externo, a diplomacia passou a solucionar questões que antes eram resolvidas pela guerra, levando as relações entre os estados a atingirem um novo estágio. O início da era moderna, com as grandes navegações, levou a Europa ao domínio do mundo graças ao desenvolvimento do imperialismo, aliado ao expansionismo comercial, o que gerou o famigerado sistema colonial, com a exploração da metrópole sobre a colônia. Nos primeiros séculos da era moderna, as principais nações europeias montaram suas colônias nos continentes periféricos do mundo.

Questões religiosas

O fortalecimento do poder real aliado ao absolutismo fez com que mais uma vez a situação se invertesse, e a Igreja passou a ser dominada. Os estados modernos, por meio de suas casas reinantes, buscaram quebrar o poder papal e, adotando a política conhecida como cesaropapismo, influenciar até mesmo as questões internas da Igreja.

As lutas religiosas entre católicos e protestantes, que se desenvolveram no contexto de crescimento do movimento protestante, ganharam caráter político, porque os reis se aliaram a uma ou à outra facção, dependendo da situação, buscando tirar proveito, livrando-se da influência e deixando de pagar os dízimos que eram recolhidos pela Igreja.

Assim, na França, digladiaram-se os católicos contra os huguenotes e, na Inglaterra, veio a perseguição aos nãos anglicanos, devido ao interesse que o estado tinha sobre seus bens.

Entendemos, com isso, que as questões religiosas, como ainda hoje acontece em diversas regiões, passaram a ser usadas como pretexto para a expansão imperialista de muitas nações. Um problema surgido entre católicos e protestantes na Alemanha, por exemplo, deu origem à Guerra dos Trinta Anos (1618-1648) que, aos poucos, alastrou-se por toda a Europa.

Nas colônias, a Igreja, muitas vezes, esteve aliada ao colonizador, em um outro formato de guerra santa ou espírito de cruzada. A religião se tornou um motivo a mais para a expansão do estado moderno, para o enriquecimento da burguesia e para a exploração do povo pela religião, assumindo um caráter marcadamente nacionalista.

As artes e as ciências se libertaram do predomínio da inspiração religiosa, ganhando um novo impulso com os ideais de antropocentrismo. Ao lado disso, a secularização da educação possibilitou os rígidos instrumentos de controle da Igreja, como a inquisição e censura, já não serem tão eficazes. Porém, mesmo assim, a Igreja ainda mantinha grande influência, haja vista a influência dos cardeais Richelieu e Mazarino como ministros da França nos séculos XIII-XIV.

A Reforma Protestante

Por fatores político-econômicos de ordem social, e ainda mais pela revolução cultural e científica que deu ao homem e ao mundo uma nova dimensão, a Igreja se defrontou com a revolução religiosa, que se desembocou na Reforma, movimento que já vinha acontecendo há vários séculos, mas que ganhou formas com Lutero e outros reformistas.

O novo sistema econômico que introduziu a economia monetária, baseada no capital, era contrário à mentalidade proposta pela Igreja na Idade Média, que se opunha à usura e aos empréstimos com juros.

A revolução intelectual racionalista rejeitava a tradição e a intolerância religiosa, combatendo as injustiças e os privilégios.

Nesse contexto de mudança de época, acontecia uma confusão teológica muito grande, uma vez que para o iluminismo Deus se fazia presente na natureza, sendo parte do homem, dispensando, por isso mesmo, o intermédio e a ação da Igreja. A afirmação majoritária desse período é a de que, para encontrar Deus, bastava ser piedoso e virtuoso.

Paralelo a isso, na vida interna da Igreja, ocorria uma série de erros e defeitos, como os exageros na venda de indulgências para a construção de igrejas, a prática da simonia de bens espirituais, a degeneração moral do clero, o uso do episcopado como trampolim para carreira política, além das altas taxas de impostos cobrados aos camponeses que trabalhavam nas terras da Igreja.

Não percebendo as mudanças que aconteciam em todos os campos, a Igreja mantinha ainda uma postura de rigorismo e de fechamento em questões religiosas e doutrinais, levando o povo a um medo constante e a distanciar-se cada vez mais dela. No que concerne à liturgia, por exemplo, a grande maioria das pessoas participava, mas não entendia as celebrações. Tudo era tradição, mistério, superstição, misticismo, e as pessoas iam à Igreja para "assistir à Missa".

Diante de tudo isso, a reforma se fazia cada vez mais necessária, mas fora paralisada pela Igreja, que temia perder seu prestígio, porque estava desligada da vida das pessoas.

Nesse período, falava-se da necessidade de reformar sua cabeça e seus membros, mas, muitas vezes, os movimentos reformistas atingiam os membros e não chegavam à cabeça. A Igreja não percebeu que os antecedentes da reforma já vinham desde a Idade Média. Quando explodiu a Reforma, a imprensa expandiu o inconformismo popular, e, logo, reis e príncipes passaram a apoiar os movimentos reformistas, a fim de se libertarem da influência do Papa. Como havia também o interesse do Estado nos bens da Igreja, a Reforma ganhou um caráter político, cuja força variou de região para região.

O Protestantismo provocou mudanças nas estruturas da Igreja, mas pouco alterou sua doutrina e, no final, com as medidas tomadas, houve sim um rigorismo ainda maior.

A Contrarreforma católica

O movimento da reforma católica já havia começado bem antes com algumas iniciativas na vida religiosa e na piedade. A fundação de novas ordens religiosas, por exemplo, a reforma de outras já existentes, o estabelecimento do chamado Índice de Livros Proibidos (*Index Livrorum Proibitorum*) e a realização do Concílio de Trento, com suas medidas reformistas, colocam-se nesse contexto.

Se nós ligarmos as grandes transformações sociais, políticas e econômicas, que causaram a perda do prestígio da Igreja, com essas medidas citadas acima, podemos entender melhor o contexto que levou à Reforma e à Contrarreforma os principais acontecimentos da Idade Moderna.

5.1. CONCÍLIOS DE CONSTANÇA, BASILEIA-FERRARA-FLORENÇA-ROMA

A Alta Idade Moderna trouxe à tona o maior desafio para a fé católica enfrentado até então com os conflitos sobre a autoridade papal e o início do movimento protestante. Nunca antes a autoridade pontifícia tinha sido contestada, pois atingir sua autoridade significa atingir o centro da unidade da fé cristã e da Igreja.

No período da Era Moderna, tivemos quatro concílios, entre eles o de Trento, talvez o mais impactante para a Igreja em todos os tempos. Entre os temas mais discutidos nesse período, destacou-se a análise do próprio poder dos concílios: se estes tinham autoridade maior do que o Papa. Essa questão recebeu o nome de Conciliarismo.

Concílio Ecumênico de Constança (1414-1418)

Este concílio, décimo sexto na ordem dos ecumênicos e primeiro da Idade Moderna, foi realizado entre 1414 e 1418, às margens do Lago de Constança, atual Suíça, tendo como principal tarefa buscar a união da Igreja do Ocidente, que se encontrava em uma posição tão frágil que havia três papas ao mesmo tempo, cada um deles se afirmando como sendo o legítimo sucessor de Pedro.

Convocado pelo papa João XXIII (este foi deposto, considerado ilegítimo, e seu nome foi depois assumido no século XX por outro papa, que convocou o Vaticano II), tinha como tarefa principal enfrentar o cisma, evitando que a Igreja católica se fragmentasse ainda mais.

Resultado do Concílio

O Concílio trouxe à tona as teses conciliaristas, porque havia a alegação de que o próprio Papa fosse sujeito ao Concílio. Constança ainda declarou heréticas as ideias de João Huss, um reformador sueco, e o condenou à morte.

O encontro foi muito conturbado por razões políticas, mas foi eficiente no que diz respeito à reunificação dos três pontificados. Oficialmente João XXIII e Bento XIII foram depostos, e Gregório XII renunciou voluntariamente, vindo na sequência a eleição do papa Martinho V, em 11 de novembro de 1417, que assumiu como pontífice da Igreja Católica como um todo. Apesar da aparente tranquilidade, a assembleia não resolveu os problemas que motivaram esse cisma de uma vez por todas.

Apesar da reunificação de uma igreja dividida em três pontificados ser visivelmente de suma importância, houve também o foco na questão das heresias, desde o julgamento de João Huss e a condenação dos ensinamentos de Wycliff, outro reformista.

Sua última decisão foi aprovar que a reunião da Igreja em concílios ocorresse a cada cinco anos, mas na prática essa regra não funcionou.

Concílio Ecumênico de Basileia-Ferrara-Florença-Roma (1431-1442)

Foi o papa Eugênio IV que convocou o concílio em Basileia, o segundo da Idade Moderna, porém, depois de um ano, o próprio Papa tentou suprimi-lo. Entretanto os bispos conciliares o pressionaram e ele voltou atrás, acirrando ainda mais a questão do poder do Concílio versus o poder papal.

A discussão passou também pela relação entre a Igreja do Ocidente e do Oriente, porque, se a decisão pendesse para a superioridade do poder do Concílio, toda a questão do afastamento entre oriente e ocidente voltaria a zero, por haver uma equiparação entre Roma e Constantinopla. E isso o Papa não poderia aceitar, por ver seu poder diminuído.

Como solução, ele sugeriu que o Concílio fosse transferido para Ferrara e, de lá, iria ainda para Florença. Aconteceu que alguns bispos permaneceram em Basileia e foram excomungados por esse ato de desobediência.

Em Florença, a discussão com a Igreja Oriental abordou questões litúrgicas e a antiga questão do chamado "*Filioque*". Essas problemáticas aparentemente foram resolvidas, mas, pouco tempo depois, tudo voltou a ser como antes e o cisma permaneceu.

O Papa ainda transferiu o Concílio para Roma, onde o encerrou depois de alguns anos de turbulência. Se Constança viu a vitória do Conciliarismo, em Basileia a força do papado centralizador voltou a ser hegemônica.

Resultados do Concílio

O Concílio Ecumênico em Florença (1438-1439), apesar dos condicionamentos políticos, representou uma séria iniciativa de superação do Cisma de 1054. Dele participaram o Imperador João VIII, o Patriarca de Constantinopla e grande delegação da Igreja bizantina.

Houve esforço de discutir os pontos teológicos que separavam o Oriente do Ocidente, mas para os gregos era difícil discutir com objetividade: a reunificação era a última esperança de salvação diante dos exércitos turcos. Todos os ortodoxos assinaram uma fórmula de união, que abrangia as seguintes questões: *Filioque*, Pão ázimo, purgatório e Primado papal.

O acordo seguiu dois princípios básicos: unanimidade em questões de doutrina e respeito pelos ritos legítimos e pelas tradições de cada Igreja. Dissemos que todos assinaram, mas houve uma exceção: Marcos, arcebispo de Éfeso, depois canonizado, negou sua assinatura.

A Europa ocidental festejou a união alcançada em Florença, o que não aconteceu no Oriente. O imperador João VIII e seu sucessor Constantino IX mostravam-se envergonhados em publicar e aplicar as decisões conciliares. Bom número de bispos e legados, retornando a suas Igrejas, revogaram as assinaturas. Uma fração mínima do povo e do clero bizantino aceitou os decretos florentinos.

Apesar de encerrada a querela dos papas e antipapas, o estrago estava feito. A revolução religiosa estava em formação no Império Germânico e acabou por triunfar um século mais tarde com Martinho Lutero.

5º Concílio Ecumênico de Latrão (1512-1517)

Foi Júlio II, o chamado "Papa Guerreiro", que convocou o Concílio para Latrão no começo do século XVI, com a finalidade de reafirmar e reforçar a força do papado.

Seu sucessor, Leão X, continuou com o ataque direto e duro contra as teses conciliaristas, afirmando que o Concílio só existe com a presença e confirmação do Papa. Assuntos de disciplina eclesiástica também entraram na pauta, mas esses seriam mesmo enfrentados no próximo concílio, o de Trento.

Resultados do Concílio

O 5º Concílio de Latrão entrou para a história como aquele que levantou sérios problemas, mas que não os enfrentou. Essa lacuna se mostrou fatídica, pois dela surgiram as críticas protestantes, sobretudo, nas teses de Martinho Lutero.

Nesse Concílio, pela primeira vez, um bispo do "Novo Mundo", a América, participou das discussões.

5.2. CONCÍLIO DE TRENTO (1547-1563)

O Concílio de Trento surgiu como uma reação da Igreja (Contrarreforma) ao movimento reformista protestante, para promover uma reforma doutrinal e litúrgica, com a determinação mais contundente dos dogmas da Igreja.

Assumiu um caráter jurídico e, na VII sessão (30/03/1547), determinou a finalidade e as normas a respeito da administração e do recebimento dos sacramentos e a forma de realizar as celebrações.

O pensamento racional científico abalou o domínio do pensamento teológico, e os instrumentos de controle da Igreja já não eram eficazes como antes. Crescia uma visão acadêmico-dogmática dos sacramentos, com a preocupação de definir verdades e modos de realizá-los, considerando que eles seriam válidos por causa de determinados ritos e que, sem eles, não haveria efeito. Além disso, predominava um conceito utilitarista dos sacramentos, vistos como necessários para se conseguirem benefícios ou graças.

Desde Constanza e Basileia, já se sentia a necessidade de um Concílio universal, pois o de Latrão (1512-1517) não conseguiu resolver as principais necessidades da Igreja. A questão luterana, a literatura da época, as intromissões imperiais e os diversos partidos reformistas punham em evidência a necessidade de sua convocação em vista da unidade da Igreja.

Havia, porém, fortes obstáculos a serem superados para que um novo Concílio produzisse bons resultados, como a confusão teológica reinante, o medo dos papas em reavivar a ideia conciliarista, o receio da Cúria e dos cardeais em ver seu poder limitado e as muitas tendências político-nacionalistas que influenciavam o interior da Igreja, especialmente o colégio dos cardeais.

Ao lado disso, havia a resistência de muitos bispos, dificuldades em escolher uma cidade sede e oposição de Francisco I, rei da França, maior autoridade desse período.

Em 1537, o papa Paulo III convocou o Concílio para a cidade de Mântua, mas a convocatória foi suspensa devido à resistência dos príncipes protestantes e de Francisco I. Depois aconteceram outras convocações entre 1537 e 1541, novamente suspensas. Finalmente, no dia 13 de dezembro de 1545, houve a sessão de abertura.

O Concílio passou por três fases distintas, durando de 1545 até 1563. Com o papa Paulo IV (1555-1559), houve uma interrupção devido às tensões internas, aos conflitos externos e à atuação do Papa.

Na abertura, em Trento, havia apenas 31 padres conciliares. No final, eram 232 votantes, com destaque para o colégio dos espanhóis.

Os Papas assumiram a direção dos trabalhos, os teólogos não tiveram direito ao voto e a votação foi pessoal e não mais por nação, como se praticava até então, porém os príncipes e os Estados tiveram oradores e porta-vozes.

Na primeira fase, foram realizadas 10 sessões públicas, mas, em 12 de março de 1547, o Concílio saiu de Trento, transferindo-se para Bolonha, motivado por uma suposta ameaça de peste. O verdadeiro motivo, porém, era para que os padres conciliares pudessem se ver livres da pressão do imperador Carlos V, pois Trento era uma cidade imperial alemã e Bologna era uma cidade pontifícia. Em 1549, mesmo funcionando em Bolonha, o Concílio foi suspenso.

O papa Júlio III, ao assumir o pontificado, continuou com a reforma da Cúria Romana e reconvocou novamente o Concílio de volta para Trento. O reinício das atividades conciliares aconteceu no dia 1 de maio de 1551, funcionando até 1552. Nesse período, foram realizadas mais 6 sessões.

Depois de dois pontificados e mais dez anos de intervalo, a terceira etapa do Concílio começou em 1562 sob o pontificado do papa Pio IV.

Finalmente, os cânones foram publicados no terceiro período e, entre 3 e 4 de dezembro de 1563, deu-se a confirmação dos decretos pelo papa Pio IV.

Resultados do Concílio

O imperador Carlos V, do Sacro Império, queria a fixação de doutrina por meio de cânones, mas o Papa queria solucionar questões de fé. O concílio tentou juntar as duas tendências se mantendo dentro da Tradição, que afirmava ser missão da Igreja e do Concílio salvaguardar a doutrina das falsas interpretações, explicitando-a, se necessário, em formulações mais claras e inequívocas. Foi nesse ponto que aconteceu o choque das duas correntes que agiam no interior da assembleia, porque os reformadores queriam a unilateralidade das fontes de fé, afirmando a Escritura e a determinação do processo salvífico em Deus por meio da fé. Com isso, predominaria o conceito subjetivista e espiritualista de Igreja.

Para o Concílio a Escritura é fonte de fé, mas requer uma explicação por parte do Magistério da Igreja, sendo ele que determina o que é a Escritura. Essa posição leva então à fixação do Cânon e declaração da Vulgata Latina como versão dogmaticamente correta das Sagradas Escrituras.

O Concílio afirmou também que o sacerdócio e os sacramentos são meios da graça e que o centro de tudo é a Missa expressa então como sacrifício expiatório e não só de ação de graças e louvor, como afirmava Lutero. A Missa, como a Cruz, é também redentora.

O Concílio também fixou o decreto sobre a justificação, que é a transformação interior operada pela graça santificante, na qual o homem colabora com sua vontade.

Tomou também algumas atitudes reformadoras e saneadoras de diversos males da Igreja no período, proibindo a acumulação de benefícios e suprimindo o cargo de recebedor de doações relacionadas com as indulgências. Ainda prescreveu que o matrimônio fosse celebrado na presença do pároco, para evitar abusos.

Para o clero veio a prescrição da obrigatoriedade de pregação nas Missas de domingo e dias festivos e da leitura do Evangelho na língua vernácula.

No decreto sobre os seminários, previu uma formação teológica e ascética suficiente para os candidatos ao sacerdócio. Sobre os bispos e párocos, deviam ser essencialmente pastores, cumprir a obrigação de residência, realizar visitas pastorais periódicas a suas dioceses e convocar sínodos locais.

Em relação às ordens religiosas, determinou-se que seus membros não podiam possuir propriedade privada, que a clausura fosse mais rigorosa para as noviças e monjas e fez a elevação da idade mínima para a profissão religiosa.

Pela Bula "*Benedictus Deus*", de 30 de junho de 1564, o papa Pio IV aprovou os decretos dogmáticos e reformadores do Concílio, mas a superposição de interesses políticos fez com que a aplicação dos decretos conciliares fosse lenta e irregular. Na França, por exemplo, a promulgação só foi concluída em 1615. A própria desordem reinante no interior da Igreja dificultou o processo.

Diversos elementos, porém, facilitaram a aplicação dos decretos conciliares. Entre eles podemos citar a realização de sínodos diocesanos e provinciais, os esforços do novo clero cada vez mais numeroso e a ação de alguns bispos e outras personalidades da Igreja conscientes de sua missão.

O Concílio de Trento sepultou de vez a ideia conciliarista, definiu a Igreja como instrumento de salvação, por ser uma instituição objetivamente ligada ao Papa e também colocou fim à tendência episcopal de autonomia em relação a Roma, que facilitava a criação das igrejas nacionais separadas de Roma.

Provocou também novas edições do catecismo, do missal e do breviário romano, das quais a mais famosa é a edição de Pio V, porém não conseguiu superar a divisão dos protestantes, colocando ênfase e lutando muito por pequenas coisas.

Entre os principais defeitos do Concílio, podemos citar a interposição de interesses políticos. Não houve solução para o problema da Cúria Romana, deixando em suspenso noções como a infalibilidade pontifícia e uma eclesiologia mais bem formulada, que só seriam discutidas uns trezentos anos depois, em 1870, no Concílio Vaticano I.

O defeito maior do Concílio foi que ele provocou novo fechamento da Igreja, totalmente focada na ortodoxia doutrinal, com uma teologia muito elevada e inacessível, especialmente, para o povo. O rigorismo jurídico provocou o distanciamento do povo. Com isso, em diversas regiões, o movimento protestante continuou avançando.

6

OS CONCÍLIOS ECUMÊNICOS DA IDADE CONTEMPORÂNEA

Entre o fim do Concílio de Trento e a convocação de um novo concílio, acontecido em 1879, já no período contemporâneo, a situação de mundo e da Igreja mudou completamente. A nova realidade, com mudanças no contexto social, político e religioso, exigiu novas soluções da parte da Igreja.

Contexto social e religioso do início da Era Contemporânea

Em fins do século XIX, os Estados Pontifícios, mesmo depois de restaurados após a revolução de 1848, eram os únicos regidos pelo poder eclesiástico na Idade Moderna. Dentro de um mundo radicalmente laico e tendente à secularização, isso não poderia continuar por muito tempo.

Nesse tempo, a Igreja estava cada vez mais despolitizada, e o liberalismo e o nacionalismo aumentavam ainda mais o desejo de unificação italiana, o que fatalmente determinaria o fim dos Estados Pontifícios.

Dentro da Igreja, era cada vez mais forte a corrente liberal oposta aos ideais medievais e absolutistas do pontificado, e uma boa parcela do clero já aceitava a perda dos Estados. Paralelo ao avanço do liberalismo, ocorria também o desejo de maior liberdade e modernidade administrativa.

Por toda parte se notava uma forte oposição ao caráter temporal do papado, nem o emprego de tropas estrangeiras conseguiu conter o processo de decomposição interna. A França e a Áustria, como nações católicas que eram, tornaram-se as maiores apoiadoras de Roma, cedendo inclusive tropas para defender os territórios e as propriedades da Igreja.

A perda dos estados Pontifícios

Entre 1847 e 1848, o papa Pio IX promoveu uma reestruturação dos Estados da Igreja, mas, ainda no ano de 1848, evitou tomar posição no conflito existente entre a Itália e a Áustria, porque ambas eram nações católicas. A Revolução avançou sobre Roma, comandada por Giuseppe Mazzini (†1872), e o Papa buscou refúgio em Nápoles.

Debelada a crise, em abril de 1850, o Papa voltou a Roma protegido por tropas da França, reprimindo os liberais da Cúria e restaurando o anterior regime. Mesmo com a anistia geral e com uma nova organização financeira dos estados, a situação não melhorou.

A luta pela unificação nacional voltou a crescer, em 1861 foi proclamado o Reino da Itália e, em 1870, Roma caiu sendo anexada à Itália, que se tornou um estado moderno e unificado.

Por uma lei de 13 de maio de 1871, a Itália reconheceu a soberania e inviolabilidade do Papa, colocando o Vaticano, o Palácio de Latrão e o Palácio de Castelgandolfo a sua disposição. Além do mais, garantiu uma renda anual ao Papa e equiparou os diplomatas do vaticano aos demais estados. Porém o Papa se tornou um prisioneiro no Vaticano, e, apenas em 1929, a situação foi resolvida.

Mesmo tendo dificuldade de reconhecer no começo, a nova situação trouxe maior liberdade de ação para o Papa, sem as complicações e correspondências políticas, permitindo que a imagem primeira do papado fosse resgatada. Com isso, aconteceu uma maior agilidade e clareza na ação apostólica da Igreja.

A perda do poder político-temporal criou a atmosfera necessária para a definição da infalibilidade papal e, com o tempo, a indignação pela perda dos Estados Pontifícios foi passando.

No pontificado de Leão XIII, Bento XV e Pio X, o campo de missão da Igreja cresceu muito, tanto em extensão quanto em intensidade, porém a centralização em Roma continuou. Foi o papa Pio XI que levou a cabo a solução do problema territorial da Igreja pelo Tratado de Latrão, assinado em fevereiro de 1929, com a criação do Estado do Vaticano. Na República italiana, os parágrafos da concordata foram introduzidos na nova constituição de 1947 e, já em nossos tempos, com o Papa João Paulo II, em 1988, os termos foram renovados.

6.1. CONCÍLIO ECUMÊNICO VATICANO I (1869-1870)

Precedido pela publicação das Constituições Apostólicas *Dei Filius* e *Pastor Aeternus*, o Concílio, primeiro da Era Contemporânea, aconteceu em Roma, no Vaticano, sendo realizado em 1870, trazendo como principal resultado a proclamação do Dogma da Infalibilidade papal.

O Concílio Vaticano I representou praticamente o fim de uma era e o que se discutia era se o Papa possuía por si só a infalibilidade em matéria de fé ou se deveria esperar as decisões de um concílio ecumênico. Na época, o pensamento baseado no febronianismo[2] limitava muito a autoridade papal.

Como já tinha acontecido em ocasiões anteriores, a convocação do Concílio foi bastante conflituosa, primeiro porque havia um forte receio no interior da Igreja e, por outro lado, acontecia uma grande oposição da opinião pública, sobretudo com a publicação de um documento *Syllabus*, que indicava uma série de erros modernos condenados pela Igreja e que deviam ser evitados a todo custo pelos cristãos. Isso provocou o fechamento da Igreja e o crescimento do sentimento antieclesiástico e anticlerical.

Além do mais, havia muita insegurança devido ao desconhecimento dos assuntos que seriam tratados no Concílio, porque a consulta foi muito restrita e praticamente não existiram debates e preparação.

A primeira ideia sobre a convocação de um Concílio foi exposta em 1864, na iminência da publicação do *Syllabus*.

Para sua realização, apenas 40 bispos foram consultados. No Vaticano II, por exemplo, a consulta foi universal. Para sua organização, foram estabelecidas sete comissões que prepararam o trabalho da Assembleia. Surgiram muitas críticas ao trabalho das comissões, principalmente ao de disciplina eclesiástica, pois todas as normas foram impostas, não deixando muito espaço para a participação.

Da parte da Alemanha, havia uma forte pressão do liberalismo, conhecido como *Kulturkampf*, que era contrário à Igreja e às ordens religiosas, e, pela primeira vez na história, os Estados e os

[2] Surgiu dentro da Igreja, a fim de nacionalizar o catolicismo, limitando o poder do Papa em prol do episcopado e das igrejas que discordavam da cristandade.

soberanos não foram convocados. E havia uma forte suspeita no ar de que o Concílio iria discutir a infalibilidade papal, sofrendo a oposição de teólogos do porte de Ignácio Dollinger (†1890) e também dos bispos alemães. Favoráveis ao Concílio, havia o historiador alemão Joseph Hergenröther e os teólogos Joseph De Maistre e Robert De Lamennais.

Superadas, em parte, as maiores dificuldades, a *Aeterni Patris*, bula convocatória do concílio, foi publicada em 1868.

Importante recordar que a realização do Concílio foi antecedida pela publicação solene do Dogma da Imaculada Conceição de Maria, em 1854.

Com a convocação do Concílio Vaticano I, buscou-se promover a restauração geral da sociedade cristã, realizando contra o racionalismo do século XIX aquilo que o Concílio de Trento havia realizado contra o protestantismo no século XVI.

Durante o Concílio, os bispos alemães, austríacos, húngaros e parte dos franceses foram contra o dogma da infalibilidade, mas, no cômputo geral, eram 450 infalibilistas contra 150 opositores à proclamação.

O Concílio Vaticano I foi inaugurado em 8 de dezembro de 1869, tendo uma participação média de 700 padres conciliares, maior número já alcançado por um concílio, beneficiado pelas facilidades de transporte da Era Moderna; deles 1/3 era italiano. O Concílio alcançou também, como marco histórico, a participação de 11 prelados brasileiros.

Na sessão solene, celebrada no dia 18 de julho de 1870, o Dogma da Infalibilidade Pontifícia, que afirma que o Papa tem a plenitude de poder de governo e a Infalibilidade quando fala *ex cathedra*, foi aprovado.

Em 20 de setembro de 1870, as tropas italianas ocuparam Roma, e, em outubro, o Concílio foi suspenso por tempo indeterminado.

Resultados do Concílio

No geral, o Concílio provocou uma maior centralização de todo o poder eclesiástico em Roma, nas mãos do Papa, como reação aos movimentos antipontifícios do passado, ao espírito antieclesial e anticlerical do presente e como prevenção ao futuro, tendo a Igreja aprendido com a perda dos Estados Pontifícios.

A partir do Vaticano I, cresceu a identificação da Igreja com o papado com o consequente culto à figura do Papa, quase como uma reação ao relativismo e subjetivismo do mundo moderno; com a Igreja, o pontificado era mostrado como sinal de uma instituição objetiva segura, apesar do perigo ao fechamento e da uniformização que a centralização e concentração de poder sempre provocam.

O Dogma da Infalibilidade papal reduziu o poder dos bispos e do conceito de colegialidade, que apenas se reforçaria nos anos de 1950, em pleno século XX.

O Concílio produziu alguns documentos importantes, entre os quais se destaca a constituição *Dei Filius*, que combate o ateísmo, o panteísmo, o racionalismo e outros erros modernos, ao mesmo tempo em que afirma a existência de um Deus pessoal, criador e providente, que pode ser alcançado pela razão e revelação. O documento foi lançado em 24 de abril de 1870.

A constituição *Pastor Aeternus* foi promulgada em julho de 1870, proclamando o Dogma da Infalibilidade, que pode ser absoluta, entendendo que o Papa não tem necessidade de recorrer a uma instância superior, mesmo ao Concílio; pessoal, porque um Papa não é corrigido por seus sucessores; e separado, excluindo o consenso dos bispos (mas o Papa pode pedir o consenso consultar).

O Concílio, diferentemente do que acontecia no passado, não contou com pressões externas, pois Igreja e Estado estavam agora separados, mas faltou maior liberdade interna. O papa Pio IX não se manteve neutro.

Se bem que freassem os últimos resíduos do galicanismo e do febronianismo, os resultados do Concílio atraíram mais críticas à centralização excessiva; e a interrupção dos trabalhos impediu que se levasse à frente a discussão de outros problemas, como o relacionamento do papa com os bispos.

Hoje, uma nova visão histórica avalia e julga os resultados e trabalhos do Vaticano I, confrontando a eclesiologia do Vaticano I com a *Lumen Gentium* do Vaticano II.

6.2. CONCÍLIO ECUMÊNICO VATICANO II (1962-1965)

A Igreja e a Civilização Moderna

Desde o século XVIII, os descobrimentos e o progresso das ciências cresciam continuamente impulsionados pela revolução do pensamento. A consequência da ciência natural foi a técnica, que levou o mundo a uma nova mentalidade, trazendo em seu bojo o conceito de materialismo. O exacerbamento da técnica trouxe como consequências a secularização e a despersonalização.

Fruto da civilização industrial, no campo social se deu o crescimento do proletariado, com o inchaço das cidades graças ao êxodo rural, e o contexto urbano trouxe muitos desafios para a ação apostólica da Igreja.

Na segunda metade do século XIX, com o auge econômico, com a mecanização e massificação do homem e da sociedade, apareceram os elementos mais característicos da civilização capitalista, graças também à ação e influência do liberalismo, do materialismo e ateísmo, muito influentes por causa do Meios de Comunicação.

Esse contexto mostrava a insuficiência e a limitação da pastoral eclesial, porque, paralelo ao problema do proletariado, desenvolveram-se a doutrina e a ação política do socialismo.

A transformação social, econômica, intelectual e espiritual da civilização industrial exigia a tomada de uma nova posição da Igreja em sua ação pastoral.

A realidade exige a renovação

O Concílio Vaticano II foi a grande novidade no século XX, sendo motivado pelo contexto no qual a Igreja cumpria sua missão. Um acontecimento dessa magnitude não surgiu assim de repente.

Para compreendermos o contexto em que ele foi realizado e as consequências profundas que trouxe para a vida e ação da Igreja, precisamos compreender primeiro o pontificado do Papa João XXIII.

O Papa Pio XII morreu em 1958, época de profundas mudanças e de reconstrução do mundo abalado pela Segunda Guerra Mundial. Conta-se que os cardeais optaram por um cardeal idoso, que, segundo eles, deveria governar poucos anos, sem trazer grandes mudanças para a Igreja. Enquanto isso, seria preparado um cardeal mais jovem, que pudesse enfrentar os desafios e fazer as mudanças necessárias.

O cardeal Ângelo Roncalli foi o escolhido e, assumindo, optou pelo nome de João XXIII. Na época, o cardeal Roncalli era arcebispo e patriarca de Veneza, uma das dioceses mais importantes e tradicionais da Itália.

Papa João XXIII – Vida e obra

Nascido em 1881, passou sua infância em Sotto il Monte, lugarejo da zona rural do norte da Itália. Depois entrou para o seminário, escolhendo como lema de vida a expressão: *Deus é tudo (Dio é tutto).* Entre 1915 e 1921, prestou serviço militar e trabalhou na pastoral entre a juventude de Bérgamo. De 1921 a 1925, passou em Roma, recolhendo dinheiro para a obra missionária da Propagação da Fé.

Depois de poucos anos de sacerdócio, foi nomeado bispo, em 1925, exercendo diversos serviços, como delegado apostólico na Bulgária, junto aos turcos e gregos e, por fim, em Paris, onde passou os difíceis anos do pós-guerra entre 1935 e 1953. Neste ano, foi escolhido cardeal e patriarca da diocese de Veneza, onde ficou até l958.

Quando se apresentou em Veneza, assim falou: *Io sono Giuseppe, vostro fratello (Eu sou José, vosso irmão).*

De 1953 a 1958, exerceu o ofício de patriarca de Veneza até ser escolhido Papa, adotando o nome de João XXIII. Eleito para ser um Papa de transição, provocou verdadeira revolução na Igreja e no mundo, porque, logo ao assumir, colocou três objetivos para seu pontificado: realizar um sínodo para a Igreja de Roma, reformar o Código de Direito Canônico e convocar um grande Concílio Ecumênico.

Dos objetivos propostos, o Sínodo de Roma foi realizado, o Concílio foi iniciado sem ser concluído, mas não pôde trabalhar na reforma do Código de Direito Canônico, que ficou para Paulo VI, seu sucessor.

O Concílio Ecumênico Vaticano

Anunciado no dia 25 de janeiro de 1959, teve seu início no dia 11 de outubro de 1962, após uma fase de intensa preparação e ampla consulta.

A decisão de convocar o Concílio aconteceu menos de noventa dias do pontificado, quando um grupo de cardeais estava reunido para o encerramento da Semana de Orações pela Unidade das Igrejas, em Roma, na Basílica de São Paulo fora dos Muros.

Desde o início, ao convocar o Concílio, o Papa já falava da renovação da Igreja, diante dos tempos novos e desafios do mundo atual, mas a maioria das pessoas, e, quem sabe, até mesmo o Papa, não sabia direito como funcionaria, afinal, o último Concílio tinha acontecido há quase 100 anos, em 1870.

Na festa de Pentecostes de 1959, o papa João XXIII chamou o Concílio de "*Um novo Pentecostes*" e, no dia 17 de maio, instituiu a comissão preparatória. Mais tarde, no dia 14 de julho daquele mesmo ano, comunicou que o nome do Concílio seria Vaticano II.

O papa João XXIII convocou e expôs a necessidade do Concílio, e, na posterior fase de preparação, foram propostos alguns objetivos que na maior parte foram atingidos: provocar a atualização da Igreja (*Aggiornamento*) e de seu apostolado em um mundo de grandes transformações e buscar o retorno da Igreja à unidade, reaproximando-a dos cristãos afastados.

Fase de preparação. Foi realizada uma consulta geral ao episcopado e às universidades, por meio de um material de pesquisa enviado a todos os bispos. Com o retorno vindo dos consultados, foram preparados os esquemas de trabalho, com um texto inicial de 1.500 páginas, em que se pôde ter um retrato bem fiel da situação da Igreja no mundo contemporâneo.

Comissões preparatórias. Foram constituídas 12 comissões preparatórias que, por sua vez, produziram 70 esquemas para o trabalho conciliar. Depois foi preparada uma síntese para facilitar os trabalhos. Foi ainda constituída uma Comissão Central de preparação, dividida por sua vez em 10 subcomissões; mas o fato de realizar uma assembleia dessa envergadura trouxe muitas e muitas complicações.

Esquema de funcionamento. O Conselho Central da Presidência foi constituído por 12 cardeais e assistido por uma Secretaria-Geral. Cada comissão foi presidida por um cardeal, sendo formada por oito bispos escolhidos e oito bispos nomeados pelo Papa.

As comissões compostas de bispos assessorados por renomados teólogos prepararam e apresentaram teses a serem discutidas nas Congregações Gerais. As sessões plenárias foram sempre realizadas na Basílica de São Pedro, iniciadas com uma celebração eucarística e com a entronização do Evangelho. Elas foram realizadas pela manhã. As Congregações Públicas, presididas pelo Papa, aprovaram os textos definitivos.

O importante dessa fase de preparação foi o grande envolvimento dos membros. O Papa foi o moderador supremo, a Cúria Romana, a protagonista, o episcopado e os teólogos foram se envolvendo de maneira progressiva.

Desenvolvimento do Concílio – Sessões. Da primeira sessão, realizada em outubro de 1962, participaram 2.400 Padres Conciliares, dos quais 93 eram observadores de outras religiões ou igrejas, 36 ouvintes leigos e 7 mulheres.

A segunda sessão aconteceu em outubro de 1963, enfrentando os esquemas mais importantes.

A terceira sessão se deu em outubro de 1964, com a publicação de diversos textos. Foi nessa ocasião que o Concílio propôs a criação do Sínodo Extraordinário dos Bispos.

A última sessão do Concílio foi realizada entre setembro e dezembro de 1965, e o encerramento solene se deu no dia 8 de dezembro, festa da Imaculada Conceição.

Bispos participantes. O Vaticano II teve uma participação média de 1.400 bispos em cada uma de suas 5 sessões, e nele foram realizadas 168 assembleias gerais em 4 sessões. No final, o Concílio produziu 16 documentos, sendo 4 constituições, 9 decretos e 3 declarações.

Dos bispos, 1.041 eram europeus, 956 americanos, 379 africanos e 300 asiáticos. Os italianos eram em número de 379. Durante o concílio, a língua oficial era o latim.

O primeiro tema a ser trabalhado, proposto pelo Papa, foi liturgia. Por isso mesmo, seu documento final foi o primeiro a ser aprovado em 4 de dezembro de 1963.

Pelo fato de o Concílio ser realizado em um período bem longo, cerca de 250 bispos foram substituídos durante o processo.

Os padres conciliares, além dos trabalhos realizados nas diversas assembleias do Concílio, reuniam-se por fora, trazendo novas e valiosas contribuições. Assim os temas foram debatidos, enfocando a liturgia, as fontes da revelação e a importância da Palavra de Deus, até chegar ao momento de se discutir sobre a Igreja, o tema mais candente de todos.

No intervalo das sessões, o papa João XXIII publicou a Encíclica *Pacem In Terris*, em abril de 1963; morreu em junho daquele mesmo ano. Seu sucessor, Paulo VI, foi eleito no dia 21 de junho, dando continuidade à obra iniciada pelo seu antecessor.

Depois da segunda sessão, o papa Paulo VI fez uma viagem à Terra Santa, em janeiro de 1964, e, depois disso, criou o Secretariado para os Não Cristãos.

Em dezembro de 1964, visitou a Índia. No ano de 1965, em outubro, foi à ONU e, em dezembro, encontrou-se com o Patriarca de Constantinopla, e ambos retiraram a excomunhão recíproca que vinha pesando sobre ambas as igrejas desde 1054.

Resultado do Concílio

Antes do início dos trabalhos conciliares, alguns defendiam que o Vaticano II fosse um Concílio mais dogmático, preocupado em definir e combater uma série de males modernos que a Igreja enfrentava, inclusive, muitos esquemas propostos tinham essa característica.

Outra corrente defendia que fosse pastoral, com uma visão de mundo e de Igreja mais aberta. Ao final, esta visão prevaleceu, e houve diversas aberturas para a Igreja, sendo essencialmente pastoral, ainda que profundamente doutrinal.

No Vaticano II, não houve muitas definições, excomunhão, condenações ou anátemas; nele, buscou-se uma teologia de volta às origens, como está bem expresso na Constituição *Dei Verbum*. Houve, sim, abertura para outros cristãos e outras religiões, como está expresso nos documentos *Unitatis Redintegratio* e *Nostra Aetate*.

A Igreja colocou-se em diálogo com o mundo moderno ou pós-moderno e com a sociedade, como está expresso nas Constituições *Lumen Gentium* e *Gaudium et Spes*.

A nova eclesiologia fechou a era do Concílio de Trento, fundado em um novo modo de ser Igreja. Foi como uma Janela que se abriu trazendo ares novos para a Igreja, possibilitando a retomada de sua caminhada no mundo contemporâneo, o que a sociedade do tempo exigia.

A partir da década de sessenta, começou a construir um novo modelo de ser Igreja, que ficou conhecido como Pós-Conciliar, dele decorrendo ricas novidades em todo o mundo, sobretudo, na América Latina e no Brasil.

A Igreja Pós-Conciliar

A partir do Concílio Vaticano II, diversas instituições previstas ou imprevistas foram postas a funcionar, e as mudanças foram acontecendo em uma sequência impressionante.

Uma das melhores novidades foi o fortalecimento das conferências episcopais, o que motivou a realização de assembleias episcopais. No Brasil, o concílio levou ao fortalecimento do conceito de colegialidade, com o amadurecimento da CNBB e a criação das comunidades de base entre outros benefícios.

O Sínodo dos Bispos, criado no contexto do Concílio, tornou-se um adequado instrumento de organização da vida da Igreja, sendo convocado, desde então, com certa regularidade.

Nas dioceses, incentivou-se a criação dos Conselhos Presbiterais e, nas Paróquias, dos Conselhos Pastorais, com outros órgãos que reforçam o princípio da corresponsabilidade de todos os cristãos na condução do Povo de Deus.

O Vaticano II acelerou a Reforma Litúrgica que já vinha acontecendo nas décadas anteriores, com mudanças que foram sendo implementadas pela valorização da língua vernácula nas celebrações, valorização da Liturgia da Palavra, missas concelebradas, ministros leigos presidindo as celebrações e outras mudanças.

O Colégio dos Cardeais e os organismos que formavam a Cúria Romana começaram a ser internacionalizados de forma mais acentuada, sendo ocupados por cardeais de vários cantos do mundo, com a consequente perda de predomínio dos italianos.

Nos continentes periféricos do mundo, a Igreja ganhou vitalidade, com a dinamização da missão e o aumento do clero e do episcopado nativo. Na América Latina, as Comunidades Eclesiais de Base se desenvolveram fundamentadas na Teologia da Libertação.

Apesar de experimentar uma forte crise nos anos de 1970/1980, a vida religiosa consagrada se renovou a partir do documento *Perfectae Caritatis*, experimentando novo vigor com o aumento do número de vocações nativas e a substituição dos missionários vindos, sobretudo, de países da Europa.

Se a Igreja já diminuía na Europa e nos Estados Unidos, nos países do terceiro mundo, experimentava um grande vigor.

A imagem do Papa ganhou projeção graças às viagens internacionais que passaram a ser realizadas com maior frequência. O papa Paulo VI esteve em Nova Iorque, no ano de 1965; em Portugal e na Turquia, em l967; na Colômbia, em 1968; em Genebra e em Uganda em 1969; e, por fim, no Extremo Oriente em l970. Nesse contexto, também entenderemos o longo pontificado de João Paulo II a partir de 1978, depois do breve pontificado de João Paulo I.

A Crise Pós-Conciliar

O período do Pós-Concílio foi impactado por vários fatores que trouxeram forte crise para a Igreja, devido às mudanças pelas quais o mundo contemporâneo passava, acontecendo de forma muito rápida; por mais preparada que a Igreja estivesse, sofreu um grande abalo diante de tantos fatores.

A diminuição da prática religiosa e do comportamento cristão nos países do Ocidente, com o decréscimo da frequência aos sacramentos, o aumento da secularização e do ateísmo prático, o crescimento do materialismo, com o exagerado apego aos bens materiais, e a diminuição das vocações religiosas e sacerdotais, com a consequente diminuição do número de sacerdotes e de vocações, são algumas expressões dessa crise.

Toda crise, porém, se bem aproveitada, torna-se um fator de crescimento e renovação. Passando o impacto do fim da década de 70 e início dos anos 80, percebia-se um retorno ao religioso, mas de forma muito variada, ao longo dos anos 90.

O crescimento do número de pessoas dedicadas à astrologia, ao esoterismo, ocultismo e a outras formas consideradas como religião, a multiplicação de igrejas e seitas, o fortalecimento do fenômeno do pentecostalismo e o constante aumento do número de movimentos que privilegiam uma prática religiosa mais afetiva e de uma fé vivida como intimidade com Deus, com menor preocupação pelo aspecto social da fé, servem para exemplificar a situação que levou à diminuição numérica dos católicos em muitos países.

Ao longo das décadas de 60 e 70, países dos continentes periféricos do mundo foram dominados por ditaduras militares, e a Igreja enfrentou grandes dificuldades no cumprimento de sua missão, sofrendo perseguições, expulsão de missionários estrangeiros e incentivo dos governantes aos movimentos reacionários, como forma de diminuir a força da Igreja católica.

Apesar de tudo, porém, ela se colocou com decisão nas estradas do Concílio, renovando sua vida interna e sua ação apostólica, de forma mais lúcida e consciente de sua missão. Esse tempo fez surgir os grandes luminares da Igreja, com as figuras proféticas no episcopado e na ação leiga.

Fatos novos reforçam a caminhada

A maior preocupação com o ser humano de forma integral, com a defesa de seus direitos fundamentais, o trabalho silencioso da Igreja no combate aos males do comunismo e do capitalismo selvagem são algumas das marcas da retomada marcada pelo profetismo, pela ousadia e coragem.

A Igreja se despertou lentamente para o ecumenismo, e o diálogo inter-religioso deu passos concretos nessa direção, com a realização de encontros entre os chefes das maiores religiões, criação de uma legislação específica sobre matrimônios mistos e criação do Conselho Mundial de Igrejas. Merece destaque a prática do diálogo religioso e a maior aproximação entre as pessoas, os grupos e as religiões, apesar da continuação de diversos conflitos religiosos.

Paralela às mudanças, veio a renovação do governo central da Igreja, com a criação de novos organismos na Cúria Romana, crescente internacionalização do Colégio dos Cardeais, nomeação de bispos para as diversas Conferências Episcopais e continuado processo de mudanças ao longo dos pontificados de Paulo VI e João Paulo II.

O pontificado: João Paulo II (1978-2005), Bento XVI (2005-2013) e Francisco

O papa João Paulo II teve um dos pontificados mais longos da história, sendo bem complicado fazer a descrição e marcar sua abrangência. Com ele, deu-se a abertura da Igreja para questões sociais, mas, em contrapartida, houve um fechamento para questões morais e disciplinares, voltando o processo de centralização, com a diminuição da liberdade e da autonomia das igrejas locais.

A partir do fim dos anos 80 e início dos anos 90, tivemos um retorno da Igreja a uma dimensão mais espiritual e a desmobilização de setores mais à esquerda por causa do choque com a Teologia da Libertação, com as Comunidades de Base e favorecimento de movimentos de caráter mais espiritualista.

Por outro lado, João Paulo II foi um Papa que trouxe grande visibilidade para a Igreja, presente quase todos os dias no noticiário dos Meios de Comunicação devido às mais de 100 viagens internacionais e aos tantos pronunciamentos. Ele escreveu muito, sendo uma mão firme na condução da Igreja pelos caminhos tão difíceis dos tempos atuais.

Havia uma grande expectativa sobre quem o substituiria após sua longa enfermidade, iniciada com o atentado que sofreu em 1981. E a escolha, já meio que esperada, recaiu sobre o Cardeal Joseph Ratzinger, cujo papado começou cercado de incógnita. Os rumos de seu pontificado, aos poucos, foram sendo clareados, e a distinção com os anteriores ficou mais clara.

Bento XVI surpreendeu a Igreja e o mundo com sua renúncia, sendo preciso aprender a nova realidade de dois papas vivos na Igreja, coisa que não acontecia há mais de 500 anos.

Com ele o processo de retorno ao conservadorismo na Igreja se consolidou, mas, apesar disso, ela continuou se fazendo presente nos Meios de Comunicação e na sociedade como um todo.

A Igreja vive ares novos com o pontificado de Francisco, primeiro papa latino-americano e terceiro-mundista.

O impacto da modernidade

A evolução pela qual a Igreja passou, a partir das décadas de 40 e de 50 do século XX, sentindo fortes mudanças em sua estrutura e organização interna, coincidiu com as profundas alterações vividas no contexto sociopolítico e econômico do Brasil, com o êxodo rural e a explosão da população urbana.

A partir dos anos 80, ao mesmo tempo em que houve a instauração do neoliberalismo no país, a Igreja sentiu os efeitos da modernidade ou Pós-Modernidade que alguns estudiosos chamam de líquida e fluida. São sinais característicos do impacto dessa tal modernidade:

Na Política: A instabilidade e agitação dos anos 50 e início dos anos 60 levaram ao Golpe Militar de 1964 e à ditadura militar, a partir de 1967\68. No fim dos anos 60, surgiram os movimentos que pregavam a luta armada como forma de debilitar o sistema, os quais foram duramente reprimidos com o endurecimento do regime de exceção que governa por meio de Atos de Exceção, os famigerados AIs de triste memória, como o AI-5. Esses atos substituíram a constituição.

Na Economia: A industrialização levou a uma presença maior do Brasil no cenário internacional, apesar de sermos ainda um país exportador de matérias-primas (Comodities). Para combater o leão voraz da inflação, planos e mais planos econômicos, alguns mirabolantes, foram engendrados sem conseguir solução. O último, Plano Real, de 1994, estabilizou a moeda e a economia, recuperando o poder de compra da população.

Sociedade: O êxodo rural e as migrações internas, especialmente no sentido norte/sul, acompanhados de uma forte explosão demográfica, provocaram o inchamento das cidades com todas as consequências daí decorrentes, sobretudo, pela falta de planejamento urbano, que gerou a falta de moradia e o estrangulamento do transporte.

Cultura: A influência dos meios de comunicação, e mais recentemente o fenômeno das redes sociais, determinou mudanças radicais no comportamento individual, grupal e familiar com a crise de valores experimentada de uma forma cruel e avassaladora. Vivemos a "Era do Descartável" e do transitório.

Se os anos 70 foram marcados pelo famoso "Milagre Brasileiro", com forte desenvolvimento interno, investimentos em obras faraônicas e alto endividamento externo, os anos 80 ficaram marcados pela desigualdade em todos os níveis. O sistema neoliberal, implantado nos anos 90, não modificou substancialmente a qualidade de vida da maioria das pessoas e, em nossos dias, viu crescer a pobreza e a fome no país.

As mudanças fizeram com que o impacto da modernidade fosse duramente sentido, levando o Brasil rural a se transformar rapidamente, mesmo pagando um alto preço para isso.

Uma Igreja que se renova

Os anos 70 e 80 trouxeram o desafio da mudança qualitativa da Igreja, com o esforço de renovação das paróquias e instituições tradicionais, com a difusão das Comunidades de Base (CEBs) e pastorais sociais, sob o patrocínio da CNBB.

A Igreja se inseriu nos meios populares e redobrou sua atenção para com os excluídos da sociedade. Surgiram novas formas de vida religiosa, a mulher e os leigos ganharam destaque em sua ação pastoral. A partir de 1979, depois de 15 anos de regime militar, começou o processo chamado de distensão e, aos poucos, o país começou a voltar à normalidade democrática, em um processo que somente seria concluído em 1985, devido ao retorno das eleições diretas em todos os níveis, instauração da Nova República e normalização democrática, processo que dura até hoje, mesmo com os sobressaltos e as ameaças de alguns governos esporádicos.

As transformações dos anos 80 se acentuaram nas décadas seguintes, mudando o contexto social e político, com impacto nas estruturas econômicas.

A volta à democracia e a nova Constituição (1988), apesar de muitos problemas e desafios, coincidiram com o período em que a Igreja se abriu a um novo esforço evangelizador, destacando-se a necessidade da inculturação e o enfrentamento dos desafios sociais, especialmente no meio urbano, apesar do enfraquecimento do modelo eclesial, fundado na organização das paróquias, que não é adaptado para o grande meio urbano.

A eleição e o pontificado do papa Francisco fizeram a Igreja viver novos ares. Janelas e portas foram abertas, e a renovação, tão temida por alguns setores, começou a acontecer com o desejo de a Igreja voltar para o povo, sendo samaritana em um contínuo processo de saída.

A Igreja a serviço do povo

O Brasil teve a graça de possuir um episcopado profético na Conferência Nacional dos Bispos do Brasil (CNBB), principalmente entre os anos de 1964-1987. Diversos bispos a conduziram destemidamente a um compromisso radical com os pobres. Essa mudança de escopo, passando da elite para os pobres, levou a uma influência da CNBB em âmbito continental, tornando-se o organismo mais respeitado da sociedade brasileira e, praticamente, a única instituição em condições de enfrentar a repressão militar e criticar a exploração capitalista do país.

A Igreja apoiou e conduziu a formação de pastorais de fronteira, como a Comissão de Pastoral da Terra (CPT), a Pastoral Operária (PO), a Pastoral dos Jovens do Meio Popular (PJMP) e o Conselho Indigenista Missionário (CIMI). Ao mesmo tempo, houve a integração com as organizações da sociedade civil e os movimentos populares, a qual deu origem às Comunidades Eclesiais de Base (CEBs).

Documentos episcopais produzidos em suas assembleias gerais e nos regionais revitalizaram a pastoral.

A Comissão de Justiça e Paz foi um órgão de defesa dos direitos humanos e de denúncia diante da violência do regime, buscando sempre o diálogo com a sociedade civil, nacional e internacional.

São Paulo, a maior diocese do mundo, tornou-se exemplo de uma Igreja preocupada com a justiça social. A coragem e a capacidade de diálogo levaram as principais forças e entidades representativas da sociedade a se unirem, colocando-se com destemor ao lado do povo.

Ao longo das últimas décadas, especialmente no século XXI, a Igreja do Brasil diminuiu em quantidade de membros com a evasão de muitos para outras denominações, especialmente as pentecostais, mas isso não esmoreceu sua força e coesão.

Ao contrário do que a corrente mais conservadora e fundamentalista deseja, chegando a desprezar o Vaticano II em suas dimensões pastoral e ecumênica, algumas conquistas da Igreja são irreversíveis, apontando o rumo de sua caminhada no presente e no futuro.

Como exemplos, a valorização do leigo, que deve ocupar seu lugar na Igreja, assumindo sua missão na sociedade, como sal da terra e luz do mundo, e a liturgia da Igreja vivenciando seu sentido pascal, mais encarnada na realidade, mais direcionada ao sentido comunitário. Uma Igreja menos moralista e jurídica e mais bíblica e profética, com a bíblia sendo mais lida, mais estudada e mais conhecida, e o desafio de despertar nos fiéis o sentido do serviço e corresponsabilidade.

A história da Igreja atual, nas três primeiras décadas do século XXI, pode ser descrita como um misto de crise e de esperança, de luzes e sombras, de incertezas e angústias, onde existe uma série de tensões a serem resolvidas: Unidade (centralização) x universalidade (diversidade); geral (Roma) x particular (Igrejas Locais); mudanças de fronteiras da Igreja para o sul, leste e oeste e a diversidade de problemas e preocupações; para a Europa, secularização e ateísmo, para o 3º mundo, miséria, respeito à cultura, libertação; teologia especulativa x Teologia da libertação.

O certo, porém, é que se constata a impossibilidade de um discurso único, mesmo dentro da Igreja, com o advento do pluralismo e a consequente necessidade do ecumenismo e do diálogo, tanto no nível interno quanto externo da Igreja.

7

CONCÍLIOS E SÍNODOS LATINO-AMERICANOS

O Concílio de Trento (Século XVI) determinou que fossem realizados Sínodos Diocesanos ou Concílios Provinciais em toda a Igreja, com a criação das Constituições Diocesanas. No Brasil, em 1707, foram criadas as Constituições Primeiras do Arcebispado da Bahia como forma de agilizar a reforma da Igreja e sua renovação. Essas constituições, sendo da Igreja Primaz do Brasil, por muito tempo regeram a Igreja que em nossas terras cumpria sua missão.

Embora no ano de 1707, tenha sido realizado um Sínodo Diocesano, em 1539, havia ocorrido o primeiro na América. Até 1763 foram realizados 70 sínodos, dos quais 55 na América do Sul, com destaque para os sínodos de Lima, Peru e do México (dentre os Concílios Provinciais, destacaram-se os de Lima e do México, na América Latina).

O Concílio de Trento terminou em 1563, e o rei Felipe II, da Espanha, promulgou-o para todos os reinos e todas as províncias hispânicas. Pela recopilação das leis dos reinos das Índias, os Concílios Provinciais deveriam ser celebrados a cada 5 anos. Mais tarde, uma nova norma previa sua periodicidade de 7 e 12 anos. Nos sínodos poderiam participar o Vice-Rei, o presidente de uma Audiência ou Governadores.

Os sínodos diocesanos, por sua vez, deviam ser celebrados a cada ano, porém nenhuma diocese pôde, por razões de ordem prática e por vontade de seus bispos, cumprir essa determinação, e todo decreto promulgado por um concílio devia ser primeiramente aprovado pelo rei para ter validade, pois, devido à Lei do Padroado, as leis civis valiam para a Igreja e vice-versa.

Nenhum bispo Latino-Americano pôde participar do Concílio de Trento, porque o rei de Espanha conseguiu de Roma as Bulas de Dispensa. Dessa forma, Trento foi um concílio mais europeu que ecumênico, pois os bispos, que atuaram na América Latina, espanhóis em sua totalidade, também não puderam nomear delegados que os representassem.

No período colonial, na parte espanhola da América, a Igreja era uma propriedade da Coroa da Espanha, e seus bispos eram nomeados diretamente pelo rei e depois confirmados pelo Papa. A Coroa também se encarregava de recolher as rendas e os dízimos, fazendo a distribuição para a Igreja de acordo com suas necessidades.

A Igreja e os bispos das dioceses localizadas na América espanhola, mas também na portuguesa, quase sempre viviam em um estado de penúria, e a dependência da coroa era quase que total. Deve-se também a isso o fato de muitas dioceses ficarem vacantes por longos períodos, sobretudo, quando acontecia uma desavença entre o rei e o papa.

Concílios da América Espanhola

Diversos fatores favoreceram a realização dos Concílios e Sínodos na América Espanhola, porque havia uma tradição de se convocar concílios e sínodos antes mesmo da determinação do Concílio de Trento.

Eram tidos como eficazes instrumentos de reforma e organização da Igreja nascente no continente. Por outro lado, havia a necessidade própria da realidade da América de se fundar uma Igreja ameríndia, e, com isso, as soluções deviam ser pensadas e criadas como momento original.

Os concílios diocesanos e regionais começaram a ser convocados em 1551, quando Jerônimo de Loaiza, arcebispo de Lima, convocou o primeiro concílio nacional. Os mais importantes seriam realizados em Lima, capital do Vice-Reino do Peru, no ano de 1582/83, e no México, em 1565. Eles, de fato, ajudaram no processo de constituição e organização da Igreja na América Espanhola.

Nesses concílios se percebia a grande influência de Trento. Por exemplo no III Concílio do México foram feitas 95 citações de Trento.

Podemos dizer que, por meio dos concílios e sínodos aqui realizados, a Contrarreforma chegou à América Latina e nosso continente não foi afetado pelo movimento da Reforma Protestante, que corria na Europa. A partir deles, todas as dioceses da América passaram a imitar a organização da Diocese de Sevilha; isso, porém, impediu uma maior criatividade e originalidade.

Os Concílios de Lima

Na arquidiocese de Lima foram realizados 6 concílios entre 1551/52 e 1772, destacando-se o terceiro, realizado em 1582/83, que é considerado como o "Trento da América Latina". Nele, destacou-se a figura de São Toríbio de Mogrovejo. Esse concílio foi também o mais participado, contando com a presença de 7 bispos. O segundo concílio de Lima produziu 250 decretos, o terceiro, 111 decretos.

Os Concílios Mexicanos

Desde 1524, já se reuniam as chamadas Juntas Eclesiásticas que tinham um caráter missionário, porém, somente em 1555, foi convocado o primeiro concílio por intermédio do arcebispo Montúfar. Redigiu-se um documento com 93 capítulos. Outros concílios foram convocados em 1565, 1585 e 1771. O segundo do México elaborou um documento com 28 capítulos; o terceiro foi o concílio mais importante.

Outros Concílios

Ao longo da primeira época da história da América Latina, foram realizados outros concílios, como o de São Domingos (1622), os de Santa Fé de Bogotá (1625 e 1774) e os de La Plata (1629 e 1774).

Em uma visão de síntese, os temas mais importantes tratados nos concílios eram a busca de uma Igreja voltada mais para os índios, com relação à língua, à catequese, aos sacramentos e à liturgia. Esses sínodos trataram e tomaram medidas em vista da reforma e organização das estruturas de Igreja.

Porém eram grandes as dificuldades enfrentadas na realização dos concílios. A principal delas, talvez, eram as dificuldades de transporte por causa da extensão das dioceses e a precariedade de meios de locomoção. Além do mais, havia a falta de entendimento entre os prelados e os conflitos paralelos, como entre a Igreja e os colonizadores.

Sínodos diocesanos da América espanhola

Entre 1539 e 1763 foram realizados mais de 70 sínodos na América Latina, porém sua real importância histórica, ainda hoje, é pouco estudada.

Os sínodos da primeira época (de 1530 a 1547) são reduzidos em número, mas se destacam pela quantidade de decretos emitidos e pela importância. Os chamados Sínodos Primeiros de uma diocese são aqueles que a organizam, aplicando nela os decretos do Concílio de Trento ou dos concílios provinciais (de 1555 a 1638).

Alguns Sínodos ocasionais foram também convocados em circunstâncias especiais (1638 a 1763), como por ocasião da comemoração do aniversário de uma diocese ou de um jubileu.

O primeiro sínodo foi convocado em 1539, por Alfonso de Fuente Mayor, bispo de São Domingos; e em sua convocação se nota a importância de São Toríbio de Mogrovejo, que influenciou a realização de 13 sínodos em Lima, entre 1582 e 1604.

Sínodo da Igreja no Brasil

O único sínodo realizado no Brasil, nesse período, aconteceu na diocese de Salvador (BA), em 1707, promulgando depois as Constituições Primeiras do Arcebispado da Bahia que, até então, era sufragânea da Arquidiocese de Lisboa.

Ele deveria ter sido, porém, um Concílio Provincial, o que não aconteceu devido à envergadura da oposição da coroa portuguesa e pelas mesmas dificuldades da realidade da América Espanhola, que aqui também eram constantes, como a dificuldade de locomoção e transporte, por causa da quase inexistência das estradas.

7.1. O CONCÍLIO PLENÁRIO DA AMÉRICA LATINA

Em 1889, celebrou-se em Roma, no Vaticano, o primeiro e único Concílio Plenário realizado até hoje para a Igreja da América Latina.

Ficam-nos algumas perguntas: qual a necessidade de um concílio para a América Latina? Por que foi realizado em Roma e não aqui em nosso continente? Quais os elementos provocadores e quais seus reflexos na vida e na ação pastoral da Igreja Latino-Americana?

A América Latina do Século XIX

O continente Latino-Americano, ainda hoje, é considerado o mais católico do mundo, superando até mesmo a Europa. Em 1940, apenas 5% de sua população professava outros credos religiosos.

A partir de 1822, no Brasil, que foi um dos últimos países a declarar sua independência, a diversidade étnica, cultural e religiosa foi se delineando cada vez mais, e as diversas igrejas nacionais também foram assumindo uma feição própria, evoluindo de maneira diversificada. Como acontece ainda nos dias de hoje, o continente enfrentava uma série de dificuldades e desafios.

Seus povos eram fragmentados, e isso impossibilitava a realização do antigo sonho de Simon Bolivar, o libertador, da formação de uma federação de povos indo-hispânicos.

A área geográfica do continente era imensa, pois, sem contar as Antilhas, são 23 milhões de km². Em vista disso, as dificuldades de transporte, locomoção e comunicação eram um constante desafio. Em 1914, na América Latina havia 85 mil km de ferrovias. E, enquanto isso, nos Estados Unidos havia 420 mil km.

Suas nacionalidades eram artificiais e foram sendo criadas também da mesma forma, com a definição das fronteiras nacionais, que em alguns lugares ainda hoje é assunto não resolvido.

Por causa disso, os conflitos territoriais continuam acontecendo e falta uma consciência maior de nacionalidade. Há falta de unidade, mesmo com a criação das organizações, como a Organização dos Estados Americanos (OEA) e dos mercados comuns, como o MERCOSUL; ainda hoje essa fragmentação e os nacionalismos exacerbados continuam no rol dos maiores desafios da América Latina.

Apesar disso, na segunda metade do século XIX, a América Latina passava por um processo bem acentuado de mudanças e de transformações em todos os campos.

A população global do continente, no século XIX, estava assim distribuída: 36% de índios, 27% de mestiços, 19% de brancos e 18% de negros. A população passava por um acelerado processo de crescimento, sobretudo, por causa da chegada dos imigrantes europeus. Entre 1870 e 1914, aproximadamente 10 milhões de imigrantes europeus aportaram na América Latina, com destaque para os italianos e alemães.

A alta demografia e o êxodo rural provocaram o inchaço das cidades. Até então, 75% da população morava na zona rural do continente. No fim do século XIX, o início da industrialização trouxe muito mais gente para as cidades, e nas maiores, como o Rio de Janeiro e Buenos Aires, havia por volta de 100 a 150 mil habitantes.

O crescimento populacional obrigou a um aumento nas circunscrições eclesiásticas com a multiplicação de dioceses, apesar do diminuto número de membros do clero, cujo crescimento sempre foi reduzido, comparado às necessidades reais para se atender bem a população, que rapidamente crescia. Daí a necessidade de se apelar para a vinda de membros do clero europeu.

Apesar das constituições liberais que foram promulgadas em alguns países, como no México, com o processo de independência, o conservadorismo político era muito presente no continente. Em quase todos os países, predominavam os "caudilhos" e, no Brasil, o fenômeno do coronelismo era muito forte. Os "coronéis" usavam patentes compradas, pois não eram militares, mas representavam as oligarquias rurais, mandando e desmandando na vida das pessoas e na organização da sociedade, que era de laços patriarcais, marcada pelo "apadrinhamento".

No campo da economia ainda predominava o extrativismo com a produção de matérias-primas. A economia agrária baseava-se no latifúndio, voltando-se para o abastecimento do mercado exterior. No Brasil, predominava o cultivo do café, principal produto da balança comercial. Nesse tempo, a produção do café começava a deixar as regiões do Vale do Paraíba e do Oeste Fluminense, adentrando o interior de São Paulo, primeiro na região de Campinas e depois no oeste paulista, até chegar ao norte paranaense.

Nas cidades, iniciava-se o processo de formação de uma classe média e formava-se também o proletariado, com o advento da industrialização. Novos grupos de poder, como os militares, comerciantes e classes liberais, começavam a mostrar sua força. O capital conseguido com a exportação de matérias-primas passou a ser investido na industrialização que avançava em algumas regiões do continente. Com isso, começaram a aparecer os sindicatos e as organizações de trabalhadores.

A sorte das classes inferiores da sociedade, porém, continuava a mesma, apesar das mudanças e transformações. O analfabetismo era grande e apenas 4% da população frequentava as escolas.

As terras e as riquezas concentravam-se nas mãos da aristocracia, e o sofrimento dos negros, apesar da abolição da escravatura ou a situação dos indígenas, pouco se modificou.

A Igreja e o Estado no Século XIX

Existe um ramo da historiografia que chama o século XIX de o "Século Liberal", e por quê?

Esse foi um tempo de muitas mudanças e rupturas. A classe pensante, em estreita ligação com a classe dominante, movida em grande parte pelo pensamento positivista, opunha-se a tudo o que fosse considerado atrasado e ortodoxo. E a Igreja entraria no rol das instituições consideradas como "prejudiciais" ao progresso do Estado e da sociedade.

As linhas de orientação ideológica da sociedade, baseando-se no positivismo, com forte influência de Auguste Comte e de outros pensadores, propunham como meta a força do progresso, da ordem e da técnica como forma de superação do atraso. Sua fonte de inspiração era a Revolução Francesa.

A convivência entre Igreja e Estado passou a ser considerada como impossível, e as relações estavam a um passo da ruptura.

Os novos estados que foram sendo formados, a partir do avanço do processo de independência, eram regidos por constituições liberais e por leis e decretos anticlericais, anticatólicos e antieclesiais. A descristianização das elites era muito forte, mas ainda não havia atingido as massas populares em que se encontrava a força maior da Igreja.

Alguns sinais de ruptura entre Igreja e Estado já eram latentes, devido, em parte, à ação da maçonaria ligada aos governos liberais, a qual, apesar de ser praticante de obras de beneficência e filantropia, como forma de ganhar a aceitação da população, era possuidora de uma vasta riqueza e de poder político. Como muitos de seus membros integrados aos partidos políticos eram da maçonaria, o distanciamento já se fazia notar. A maior expressão disso foi a célebre Questão Religiosa da qual falaremos mais abaixo.

Os novos estados foram se formando em nosso continente ao longo do século XIX, buscando uma nova forma de organização, e o Brasil foi o último país a adotar o regime republicano, em 1899, mesmo ano da realização do Concílio Plenário em Roma.

Em um primeiro momento, ser liberal não era sinal de ser anticatólico ou anticlerical, porque diversos princípios do liberalismo coincidiam com os do catolicismo. Essa fase mais branda duraria até 1870, mais ou menos, porém, à medida que o século corria, a posição liberal foi se radicalizando, começando as primeiras formas de perseguição.

No México, por exemplo, a separação entre Igreja e Estado atingiu um alto grau de agressividade, hostilidade e perseguição, com a "Questão dos Cristeros". Aqui no Brasil, tivemos a célebre Questão Religiosa, que envolveria os bispos de Olinda e Belém do Pará, levando-os à condenação e prisão.

As classes pensantes se mantinham católicas, mas deixavam-se influenciar pelas doutrinas do Galicanismo e do Jansenismo, importadas da França. Passado o período mais tranquilo, o Estado tentou a todo custo dominar a Igreja. Em um segundo momento, vieram as tentativas de supressão, pois não se aceitava um poder concorrente.

O regime do Padroado que existia, desde o tempo da colonização, ganhou um caráter especial. O Estado tendia a manter a

Igreja em uma "Gaiola dourada", porque, de um lado, concedia regalias e fornecia a sustentação do clero, mas, de outro, intrometia em sua vida interna e a oprimia.

Devido à lei do Padroado, que somente deixaria de regular as relações da Igreja com o Estado com o advento da república, competia a este a indicação de pessoas ao episcopado. O Estado também regulamentava as ordens religiosas, intervinha no relacionamento dos bispos com a Santa Sé e controlava a aplicação das leis canônicas no país por meio do "Placet" governamental.

As medidas restritivas e controladoras provocaram a lenta separação entre Igreja e Estado, que buscavam a total laicização ou secularização da sociedade. Mesmo o patrocínio da entrada dos protestantes no Brasil colocou-se dentro desse contexto. Com a liberdade de culto e com o favorecimento de criação de novas igrejas, buscava-se a diminuição da força da Igreja Católica junto ao povo.

As estruturas de Igreja

O liberalismo, com sua proposta de laicização total da sociedade, a princípio tomou a Igreja de surpresa, pois estava despreparada para lutar e viver sem a subvenção do Estado. No caso do Brasil, a separação decretada pela Constituição Republicana de 1891 não foi aceita por diversos setores do clero que preferiam continuar ligados ao poder, com o Estado garantindo sua estabilidade e manutenção.

Nas primeiras décadas do século XIX, os novos estados se consideravam "oficialmente" católicos e suas constituições, como a brasileira de 1824, privilegiavam a Igreja. Mais tarde, porém, com o liberalismo, as coisas mudaram.

O argumento de "Soberania Nacional" justificava e explicava as medidas restritivas tomadas contra a Igreja, e o Estado queria dela dispor de acordo com suas necessidades, até mesmo para legitimar muitas de suas ações junto ao povo. Em diversos países, bispos e padres se levantariam contra essas medidas. Para a Igreja adveio um tempo de martírio, mas muitos escritores e polemistas defendiam a ortodoxia.

Estruturas da Igreja em fins do Século XIX

Episcopado

Os bispos estavam divididos entre a fidelidade ao Estado, representado pelo rei ou governante, e à Igreja, representada pela pessoa do Papa. No momento da independência na América espanhola, existiam apenas 7 arquidioceses e 34 dioceses. No Brasil, no momento da emancipação, havia apenas 6 dioceses.

Ao concluir o processo de emancipação, a estrutura da Igreja estava completamente desarticulada. Muitas dioceses ficaram vacantes por décadas. Somente a partir da década de 1920, começou o processo de reorganização eclesial. Entre 1830 e 1900 foram criadas quase 70 novas dioceses no continente, e os países mais bem servidos foram o Brasil e o México. Como o Padroado Espanhol caducou, tudo ficou mais fácil, inclusive a ação do Sumo Pontífice.

Até então, a criação de uma diocese dependia muito do interesse dos governos, porque isso significava prestígio e afirmação nacionalista. Os estados se afirmavam diante dos vizinhos e no contexto mundial.

Em diversos casos, algumas deficiências de então ainda hoje continuam, como a grande extensão de algumas dioceses, as dificuldades de comunicação e transporte, a insuficiência de clero e de estruturas físicas e pastorais. Nesse contexto, somente em 1905 assumiu o primeiro cardeal latino-americano para o Rio de Janeiro, Joaquim Arcoverde de Albuquerque Cavalcanti.

O Clero Latino-Americano

Em nosso continente, o clero sempre foi importante na constituição do catolicismo e na organização da Igreja, porque os paroquianos possuíam a "cara" de seu pároco ou cura, como se dizia.

Na América Latina do século XIX, muitos padres participaram de atividades político-legislativas, especialmente no tempo da luta pela independência, na maioria das vezes, sem o consentimento de seu ordinário local. O padre participava da sorte da Igreja nos momentos bonitos e nos tempos de perseguição.

Em relação ao clero, as maiores deficiências estavam no isolamento dos padres, principalmente os do interior. Diversos deles davam apoio explícito ao liberalismo, preocupava, porém, a baixa qualidade moral e intelectual, com forte tendência ao concubinato, à incontinência e ao não cumprimento do celibato.

A cada década do século XIX, crescia a desproporção entre o número de padres e o número de pessoas que eles deviam atender, devido ao aumento da população. Em 1810, tínhamos 1 padre para cada 640 católicos (Eram 25 mil sacerdotes); em 1900, um padre para 4 mil pessoas (no total havia 14,8 mil sacerdotes).

A redução do número de sacerdotes deveu-se à volta de muitos à Espanha ou a Portugal, à perseguição e expulsão de muitos, ao fechamento de seminários e instituições religiosas e à proibição de ordens religiosas de receberem noviços. Importante é que as deserções foram praticamente nulas.

As paróquias

Desde o período medieval, esta era a mais importante estrutura de Igreja, realidade que, com as devidas transformações, persiste até nossos dias.

Na última década do século XIX, para as 104 dioceses do continente, existiam 5.900 paróquias que enfrentavam grandes dificuldades por causa de suas grandes extensões, a dificuldade de comunicação e viagem, o isolamento das populações e do povo do interior e o baixo nível de compreensão religiosa do povo em geral.

O clero sempre foi insuficiente, e seu nível moral muitas vezes deixava a desejar. Alguns daqueles que eram membros da política, como legisladores, chegaram a participar na elaboração das constituições e das leis antieclesiásticas, outros votaram a favor da expulsão de bispos e padres, outros, por fim, confundiram suas funções políticas com a pastoral e vice-versa.

Apesar disso, a maioria dos padres eram zelosos, abnegados, resistentes às perseguições e heroicos diante dos sofrimentos e das dificuldades.

As Congregações Religiosas

A partir do descobrimento do Brasil e de sua colonização, as ordens religiosas foram o alicerce de sua evangelização. Quando da independência, havia 590 conventos e casas religiosas em todo o continente. Mas esse evento trouxe a crise aberta nas ordens religiosas, com a redução do número de religiosos, fechamento de casas e conventos, confisco de bens e obras de arte, proibição das ordens em receber noviços, o que as condenava a uma morte lenta.

A intromissão do governo era fundamentada na acusação de degradação da vida religiosa e no não cumprimento de suas obrigações religiosas e educacionais. Em fins do século XIX, deu-se início ao processo de restauração das ordens e congregações religiosas. Os jesuítas, que haviam sido expulsos, começaram a voltar a partir de 1836, e a Santa Sé interveio com medidas benéficas para promover o clero nativo. As ordens antigas foram reformadas e começaram a chegar ordens novas, como a dos Missionários Redentoristas, que aportaram no Brasil em 1893/1894.

A Igreja no Brasil em vésperas do Concílio

Na maior parte do século XIX, a Igreja no Brasil esteve submetida ao Estado, por meio do regime do Padroado. Com a separação em relação ao Estado, com a chegada do regime republicano e com a primeira Constituição Republicana (1891), a Igreja começou a recuperar sua liberdade de ação, apesar dos receios de muitos que, no início, temiam o futuro, vendo-a fora do "Guarda-Chuva" protetor do Estado.

Às vésperas do Concílio Plenário, a Igreja no Brasil passava pelos mesmos problemas e pelas mesmas dificuldades que a marcaram nas fases anteriores. Havia falta de clero, com um padre para cada 20 mil pessoas; suas estruturas eram insuficientes; o número de dioceses era reduzido; e as paróquias estavam dispersas por vastas regiões.

Em 1890, o Brasil tinha apenas 12 dioceses (hoje são mais de 200), o clero era composto de 700 sacerdotes (hoje são mais de 22 mil) e a desunião dos bispos era grande. Desde 1500, havia sido realizada apenas uma reunião geral do episcopado em terras brasileiras.

Da parte da Santa Sé, havia o desejo de renovação da Igreja, mas isso era dificultado pelo governo que agia até mesmo em sua vida interna, impedindo o contato dos bispos e prelados com Roma.

Cientes da situação complicada que a Igreja enfrentava no continente latino-americano, o Concílio Plenário veio em boa hora para ajudar a acelerar o processo de reforma e de mudanças globais da Igreja.

O Pontificado do papa Leão XIII e seu programa de ação

Leão XIII foi o Papa que convocou e fez acontecer o Concílio Plenário Latino-Americano. Ele governou a Igreja entre 1878 e 1903 e, com ele, começou o programa de reconciliação da Igreja com o mundo da cultura, das ciências e da modernidade.

Seu pontificado foi marcado por diversas medidas que variavam da centralização e ultramontanismo a uma maior abertura e valorização das igrejas locais. Aqui destacamos algumas das principais medidas de seu pontificado e de seu programa de ação.

Com ele, deu-se a continuidade à centralização eclesiástica conhecida como ultramontanismo. Como exemplo dessa medida, temos a transformação dos núncios apostólicos como representantes do Papa junto ao episcopado de cada país. Ainda hoje, o núncio é o plenipotenciário da Igreja em cada país.

O papa Leão XIII publicou a encíclica *Rerum Novarum* (1891) e, com ela, começou o processo de abertura da Igreja para com as questões sociais. Aos poucos, foi se promovendo a libertação da Igreja de certas atitudes contrárias à cultura moderna, devendo-se a isso a abertura do Arquivo Secreto do Vaticano (1881), a busca de um novo espírito na Cúria Romana, com a implantação de uma nova mentalidade e de uma nova forma de ação, substituindo a ação condenatória pelo diálogo.

O Papa também realizou diversas tentativas para refazer a unidade da Igreja, buscando solução no conflito estabelecido entre Igreja e Estado. A nova consciência era a de que, em uma sociedade livre, ambos são protagonistas, devendo somar forças para solucionar os problemas e desafios do mundo moderno.

O Concílio Plenário Latino-Americano

Ele foi convocado pelo papa Leão XIII no dia 25 de dezembro de 1898, por meio da Bula *Cum Diuturnum*, constituindo-se o primeiro e único concílio continental até hoje realizado. Antes disso, o Papa já havia dedicado um documento ao episcopado da América Latina, por meio da encíclica *Quarto Abeunte Saeculo*, sobre o quarto centenário do descobrimento da América (1492-1892).

Seis anos depois, em 1898, o Papa faria convocar o concílio a ser realizado em Roma, na data de 29 de maio a 9 de setembro de 1899.

O Concílio Plenário teve a participação de 13 arcebispos e 41 bispos, tendo sido antecedido por uma reunião preparatória em 1890, chamada de Conselho Plenário Latino-Americano.

Conforme estava organizado, sua primeira sessão solene realizou-se no dia 28 de maio de 1899, Domingo da Santíssima Trindade, na sede do Colégio Pio Latino-americano. Seguindo a proposta do Arcebispo de Lima, Mons. Manuel Tovar, a presidência do Concílio foi feita de forma rotativa entre os Arcebispos, em ordem de antiguidade. Tal medida, expressão da colegialidade episcopal, contribuiu para fortalecer a unidade eclesial e deu-lhe uma singular expressão, especialmente significativa depois dos penosos primeiros terços do século, nos quais o Episcopado latino-americano sofreu tanto pelas consequências da ideologia liberal e positivista do século XIX.

Cada presidente do Concílio, por expressa disposição do papa Leão, atuava como Delegado Pontifício. Foram 9 sessões solenes e 29 congregações gerais até a clausura do Concílio em 9 de julho de 1899, data em que, em Roma, celebra-se a Solenidade dos Prodígios da Santíssima Mãe de Deus.

Resultados do Concílio

O Concílio plenário deu origem a 14 decretos, e neles os bispos da América Latina tratam de diversos problemas que vão do paganismo à superstição, da ignorância religiosa ao socialismo, da ação da imprensa à maçonaria, entre outros, ditando, ao mesmo tempo, normas e decretos para deter os avanços de uns e de outros.

No total, o documento final continha 988 artigos na *Acta et Decreta Concilii Plenarii Americae Latinae*, que se propunham buscar a renovação e a reorganização da Igreja na América Latina.

Além da participação na celebração da Eucaristia, a comunhão na oração, a fraternidade episcopal, o mútuo conhecimento, a união eclesial na América Latina e quantas experiências espirituais e solidárias tiveram os Pastores trabalhando em Roma. Diligentemente também produziram dois documentos: o primeiro, uma intensa Carta Sinodal "Ao clero e ao povo da América Latina", informando sobre os importantes alcances do Concílio; o segundo, e sem dúvida mais importante, formado pelos Decretos do Concílio, encabeçados pela consagração do Concílio ao Sagrado Coração de Jesus e "à Santíssima Virgem Maria, Padroeira principal e universal de nossos Estados, sob o mistério de sua Conceição Imaculada".

Os Decretos foram divididos em 16 Títulos, dos quais o primeiro é "Da fé e da Igreja Católica". O realce firmemente doutrinal e as perspectivas de intensa piedade que se descobriram no Concílio Plenário e em seus documentos mostraram uma opção clara por afirmar a fé e sua irradiação social. A dedicada atenção ao elemento organizacional, ao elemento disciplinar e pastoral foi bem explicada pela situação vivida pela Igreja peregrina na América durante o século XIX.

O Concílio se inspirou na Escola de Roma e no Direito Canônico para redigir seus artigos e decretos, ainda que tivesse uma visão mais missionária e pastoral, como exigiam os tempos e as circunstâncias. Sua postura, porém, seguindo o movimento do pontificado de Leão XIII, pode ser concretizada nas palavras: "*Conservar, defender e proteger a fé*".

Importância do Concílio Plenário

Ainda que faltem estudos mais sérios sobre o Concílio, o que dificulta sua compreensão histórica, alguns pontos podem ser ressaltados. Ele fez renascer a consciência colegial do episcopado latino-americano, fonte de todas as iniciativas que se realizaram posteriormente. Entre as iniciativas, podem ser citadas a criação das Conferências Episcopais e, mais tarde, a criação do Conselho Episcopal Latino-Americano (Rio de Janeiro, 1955).

O Concílio foi o único realizado até hoje em nosso continente, e muitas dificuldades complicaram sua realização. Devido às dificuldades de comunicação e transporte, apenas metade do episcopado continental pôde comparecer, mas isso representou um avanço considerável. Ele seria sucedido posteriormente pelas Conferências Episcopais, como a de Medellín e Puebla.

Alguns historiadores chegaram a afirmar que as decisões conciliares ajudaram na elaboração do Código de Direito Canônico de 1917, mas sua importância maior está mesmo no fato de ter sido o catalizador e o incentivador das mudanças e da renovação que já vinham se processando na Igreja Latino-Americana, em um ritmo bem menor, devido ao choque com os governos de tendência liberal.

O período conhecido como restauração levou à melhoria das estruturas eclesiásticas existentes, pela criação de novas dioceses e paróquias, nomeação de novos bispos, mais afinados com Roma, e pelo aporte de novas congregações religiosas para trabalhar, sobretudo, em colégios e missões.

As mudanças foram acompanhadas, mais de perto, pela Santa Sé, pois a marca forte desse período era a romanização das estruturas eclesiais.

Passado o choque com o liberalismo, a Igreja reencontrou sua força de ação na liberdade adquirida. Nas décadas seguintes, ela retomou seu papel na sociedade, mostrando força e vigor.

No Brasil, o Concílio Plenário foi sucedido pelo Concílio Plenário Nacional, realizado no Rio de Janeiro, então capital da República, na igreja da Candelária em 1939; mas essa já é uma outra história que precisaremos contar!

7.2. O CONCÍLIO PLENÁRIO DO BRASIL

As diretrizes da Diocese da Bahia valiam em todo o território explorado pelos portugueses. Por isso Salvador ainda hoje é a sede primaz, pelo fato de ter sido a primeira diocese criada em nosso país.

O Brasil em fins do século XIX

No dia 15 de novembro de 1889, os militares, por intermédio do Marechal Deodoro da Fonseca, instauraram a República do Brasil. Esse foi um ato dos militares influenciados pela doutrina positivista, com a quase nula participação do povo, que não contestava o regime monárquico e amava o velho Imperador. No ano seguinte, em 7 de janeiro, foi extinta a Lei do Padroado e, em 1891, decretou-se a separação entre Igreja e Estado, com a instauração da liberdade de culto, secularização dos cemitérios, laicização do ensino nas escolas públicas, negação dos direitos políticos aos religiosos e introdução do casamento civil.

A separação do Estado em relação à Igreja causou um grande susto nos bispos, que não estavam preparados para assumir a governança da Igreja sem o apoio e, principalmente, sem as verbas do governo. Ela obrigou o episcopado a iniciar um lento processo de reconstrução das estruturas eclesiásticas, desafio assumido positivamente.

Pena que a República não aproveitou o momento oportuno para fazer também a reforma no sistema latifundiário brasileiro, cujos senhores eram monarquistas. Em vez disso, preocupou-se com a estéril discussão racista de que a causa do atraso brasileiro era ter uma população indígena, negra e mestiça e que só a importação de brancos deslancharia o progresso. Essa mentalidade racista, em grande parte, ainda persiste no inconsciente coletivo brasileiro.

Os bispos mais unidos com o Papa

Adquirindo as Igrejas Particulares mais liberdade de ação, o papa Leão XIII convocou, em 1899, em Roma, um encontro do episcopado latino-americano. Pela primeira vez, com 400 anos de atraso, isso aconteceu e o que se buscava era a introdução das decisões do Concílio de Trento (1545-1563) na vida eclesiástica latino-americana. Antes, o direito do Padroado havia impedido.

Os bispos retornaram para suas dioceses com uma nova legislação canônica, de espírito fortemente romano e apologético. Eles deveriam enfrentar com coragem o socialismo, o espiritismo, o protestantismo e a "ignorância religiosa", palavra para designar a religiosidade popular: uma Igreja na trincheira, fortalecendo-se na luta contra o "inimigo" é o que se produziu. Foram traçadas, porém, normas concretas para a formação sacerdotal e exigiu-se que cada diocese tivesse seu seminário. O concílio também fomentou um modelo de Igreja voltada para a ação religiosa, eliminando-se a ação política.

A renovação da vida católica

A proteção do Estado oprimira o episcopado, tirando dele a responsabilidade direta pela vida da Igreja. Nesse sentido, a separação foi positiva, e a estrutura eclesiástica começou a ser reorganizada: em 1939, o Brasil já contava com 17 arquidioceses e 56 dioceses (de 1500 a 1889, havia apenas 11 dioceses e uma arquidiocese).

Ao lado disso, multiplicaram-se os encontros episcopais, a realização de sínodos e concílios diocesanos ou regionais. A preocupação jurídica prejudicou uma visão pastoral da realidade brasileira com as muitas prescrições elaboradas na Europa, mas ainda assim a Igreja colocou-se em marcha no país.

Multiplicaram-se os seminários, onde se cuidou melhor da formação intelectual e religiosa dos seminaristas. Infelizmente esses foram preparados mais para preservar a fé pelos sacramentos do que para a evangelização e a catequese. Surgiu assim um clero piedoso e bem avesso à política.

As escolas paroquiais e a catequese semanal ajudaram a formar uma nova geração de católicos. A reforma litúrgica implantada pelo papa Pio X, recomendando a comunhão para as crianças, foi muito importante para a atividade catequética.

Dom Sebastião Leme, Cardeal arcebispo do Rio de Janeiro (1930-1942), preocupou-se muito em conduzir de volta a Igreja no sentido de ter influência na vida política do país. Para esse fim, buscou congregar intelectuais no Centro Dom Vital (tais como Alceu Amoroso Lima, Tristão de Athayde) e criou a Liga Eleitoral Católica (LEC), para apoiar candidatos católicos nas eleições para a Assembleia Constituinte de 1933. Amigo de Getúlio Vargas, Dom Sebastião Leme, conseguiu que a legislação reintroduzisse a educação religiosa nas escolas e também as capelanias militares e hospitalares.

Ele demonstrou a força da Igreja na inauguração do Cristo Redentor, no Corcovado. Dom Leme despertou criativamente as forças católicas em um momento de crise das lideranças políticas.

A participação dos leigos

De pouco adiantaria a ação episcopal, se não oferecesse aos leigos os meios de participação na vida eclesial. Novos movimentos de espiritualidade tornaram possível o surgimento de um laicato mais adulto.

Inicialmente, o impulso dado às Congregações Marianas e ao Apostolado da Oração fez despertar o culto eucarístico e mariano.

A partir da década de 1930, chegou a Ação Católica, e os leigos, sob orientação dos bispos, levaram a influência cristã para seus locais de vida e de trabalho. Frutos da Ação Católica e do processo de seu desdobramento, surgiram a Juventude Universitária Católica (JUC), a Juventude Operária (JOC), Juventude Agrária (JAC) e Juventude Estudantil (JEC). Por meio do método Ver-Julgar-Agir, buscaram caminhos para a transformação cristã da sociedade brasileira.

A Ação Católica levou a fundo seu compromisso cristão, engajando-se no movimento político, levando diversos de seus militantes à ação revolucionária. Com isso, tornou-se independente da hierarquia que, em boa parte, discordava dessa postura, ingressando mesmo na luta armada contra o regime militar de 1964.

Ao mesmo tempo, promoveu-se um grande trabalho de renovação litúrgica, bíblica e catequética no grande movimento pré-Vaticano II, com a pastoral buscando se atualizar para responder aos desafios apresentados pelo mundo.

Movimentos

Os movimentos de espiritualidade e de vida para os leigos deram sua contribuição decisiva na atividade pastoral, apostando na ação junto ao mundo do trabalho, familiar e no campo da profissão. Ao lado disso, surgiu grande variedade de movimentos criados especificamente para a juventude.

Os padres, bispos e leigos puderam se atualizar por meio dos cursos do Movimento por um Mundo Melhor (MMM), de onde surgiriam, mais tarde, quase todos os grandes bispos renovadores da Igreja, que agiram na segunda metade do século 20, motivados a saírem das sacristias, a se abrirem e assumirem atitudes positivas em favor da grande maioria marginalizada.

Infelizmente, os movimentos de espiritualidade e vida, por sua origem europeia ou norte-americana, adaptaram-se mais ao estilo de vida da classe média urbana. Os pobres continuaram a nutrir sua fé na religiosidade popular e nas irmandades.

União para a ação pastoral

A ação conjunta dos bispos ganhou força decisiva em 1952, com a criação da Conferência Nacional dos Bispos do Brasil (CNBB) e, pouco depois, com a fundação da Conferência Episcopal Latino-americana (CELAM). As forças se uniram em um objetivo pastoral comum.

No todo, a atuação pastoral ainda padecia dos limites impostos pelo modelo vigente de Igreja, que era o de Cristandade, em que muitos bispos ainda se apoiavam no Estado para realizar suas ações, seja no ensino religioso nas escolas públicas, capelanias militares, seja buscando subvenções e isenções de impostos para os templos.

De certo modo, ainda era uma Igreja privilegiada, trabalhando para o povo, mas ainda caminhando sofridamente para ser Igreja do povo, dos pobres que formavam a imensa maioria da população. A obra de renovação foi coroada e revitalizada pelo Concílio Ecumênico Vaticano II (1962-1965) e depois pelas Conferências Episcopais de Medellín (1968) e Puebla (1979).

Com a participação no Concílio Plenário de Roma, os bispos brasileiros que dele participaram tiveram contato com outros episcopados do Terceiro Mundo e participaram de cursos e conferências de atualização. Existem estudiosos que afirmam que muitos foram para lá príncipes e voltaram pastores. O próprio Papa os estimulou à Pastoral de Conjunto, pois os problemas eram semelhantes em todo o país. O Concílio também despertou para uma Igreja mais despojada, pobre.

Um grupo de bispos se comprometeu a abandonar os sinais exteriores de riqueza ou ostentação, quer nas vestes, quer na moradia, assumindo um estilo de vida mais despojado e mais simples. Diversos deles abandonaram os palácios e foram morar em casas mais simples, graças a um espírito novo.

O Concílio Plenário Nacional

A partir do fim do século XIX e primeira parte do século XX, a Igreja católica na América Latina, e por tabela no Brasil, viveu um lento e, muitas vezes, doloroso processo de transição entre a Igreja de cristandade dependente do estado graças à Lei do Padroado, que foi uma aplicação da Lei das duas Espadas no Brasil, e a Igreja liberta da proteção e das amarras do Estado, com maior disponibilidade para cumprir sua missão recebida do próprio Cristo.

Desde 1707, a Igreja no Brasil era regida pelas constituições Primeiras do Arcebispado da Bahia e, aos poucos, passou sentir a necessidade de se terem regras e leis específicas para a situação nova que o Brasil vivia, com a Proclamação da República.

A realização do Concílio Plenário da América Latina em Roma, no ano de 1890, com a participação de diversos bispos do Brasil, e a necessidade de adaptar a Igreja ao novo Código de Direito Canônico, criado em 1917, impulsionaram a realização do Primeiro Concílio Plenário Brasileiro", que aconteceu entre os dias 2 e 20 de julho de 1939, na Igreja da Candelária, no Rio de Janeiro. Contando com a presença de 104 prelados, a assembleia conciliar foi presidida pelo Cardeal Dom Sebastião Leme da Silveira Cintra,

Arcebispo da então capital federal, que foi disposto como legado pontifício pelo Papa Pio XII.

Resultados do Concílio

O Concílio Plenário do Brasil foi o primeiro e único concílio celebrado até hoje pela Igreja Católica no Brasil, em toda a sua história. Simultaneamente a ele, aconteceu a celebração do Congresso Eucarístico Nacional, em Recife, em 21 de julho de 1939.

O Concílio teve a cerimônia de encerramento no dia 20 de julho de 1939, e seu documento final se transformou no primeiro código jurídico-eclesiástico exclusivo para o Brasil, substituindo as normativas do Concílio Plenário da América Latina de 1899 que, por sua vez, já havia substituído as Constituições Primeiras do Arcebispado da Bahia, de 1707.

Importância do Concílio

Os numerosos decretos e as numerosas normas dele emanados foram enviados a Roma para aprovação e entraram em vigor apenas em 1914. Ao todo, foram produzidos 489 cânones e 71 apêndices importantes para a vida religiosa nacional, motivando o lançamento de uma nova Pastoral Coletiva para o povo brasileiro, que substituiu aquela que foi produzida em 1915, ainda no contexto da Proclamação da República, como resultado da aplicação do Concílio da América Latina no Brasil.

Esse se transformou em um passo significativo para a evolução histórica da Igreja do Brasil e para o salto de qualidade dado posteriormente, a partir do Concílio Vaticano II e das conferências Episcopais de Medellín, Puebla, Santo Domingo e Aparecida.

8

DOS SÍNODOS ÀS CONFERÊNCIAS EPISCOPAIS

Um instrumento existente, que hoje oferece uma eficiente ferramenta de ajuda à caminhada da Igreja, são as Conferências Episcopais. Elas se organizam em reuniões normais ou extraordinárias, ocupando-se dos assuntos pertinentes de uma Igreja nacional. Sua presidência, aos poucos, especializou-se em coordenar as reuniões, organizar e estimular a vida eclesial como um todo, mas suas decisões não tiveram a força de lei.

Conferência Nacional dos Bispos do Brasil (CNBB)

O Brasil havia sido dividido em duas conferências, a do Norte, com sede em Salvador (BA), e a do Sul, com sede no Rio de Janeiro. Seus encontros eram anuais, e as dificuldades também eram grandes por causa da precariedade dos meios de transporte e de comunicação, porque as dioceses eram imensas e a locomoção muito complicada. As duas conferências, porém, cumpriram sua missão.

Em 1904, quando houve a celebração da coroação da imagem de Nossa Senhora em Aparecida, ou em 1931, na presença da imagem no Rio de Janeiro, onde foi declarada Padroeira do Brasil, boa parte do episcopado da conferência sul estava reunida e aproveitou dessa ocasião para realizar sua reunião ordinária.

Essa situação permaneceu inalterada até 1952, ano em que nasceu a Conferência Nacional dos Bispos do Brasil (CNBB), sigla que hoje é conhecida por todos, católicos ou não, sendo sinal de credibilidade e de defesa da vida e dos interesses do povo brasileiro.

Com o advento da CNBB, as lideranças pessoais e carismáticas, ainda que tivessem alguma relevância, passaram a ser substituídas por uma liderança grupal e coletiva. Sua fundação, em grande parte, deveu-se ao espírito empreendedor de Dom Helder Câmara, então bispo auxiliar do Rio de Janeiro (RJ).

Ao longo das décadas, os objetivos da CNBB foram sendo atualizados e mais bem explicitados, mas, ainda hoje, continuam sendo a busca e facilitação da comunhão entre os bispos, suprindo as deficiências em recursos humanos e materiais de muitas dioceses, graças à criação de um maior espírito de comunhão.

A CNBB, seja por meio da ação de sua presidência, seja por meio de sua Assembleia Anual Extraordinária (AGE), que há 11 anos saiu de Itaici (SP), passando para Aparecida, coordena as atividades e os esforços conjuntos. Com isso, busca-se maior racionalização do poder eclesiástico com um mínimo de burocracia, trabalha-se pela articulação do episcopado, respeitando a autonomia de cada bispo em sua diocese, projeta a integração dos movimentos e grupos pela planificação pastoral e ação de conjunto.

Nos dez primeiros anos, a CNBB buscou sua melhor organização, assumindo depois a coordenação da Igreja como sua entidade máxima.

Com ela, a Igreja no Brasil se situou na vanguarda da implantação das Diretrizes da Reforma Social, com apoio e estímulo do papa João XXIII. Em 1962, publicou seu Plano de Emergência, antecessor dos atuais planos e diretrizes pastorais.

Paralelo à ação da CNBB, em 1954, criou-se a Conferência dos Religiosos do Brasil (CRB), que atua em constante comunhão com a CNBB para a organização e atualização dos muitos institutos e das muitas congregações existentes no Brasil.

Conferência Episcopal Latino-Americana (CELAM)

O Concílio Vaticano II trouxe muitas novidades para a vida da Igreja na liturgia, em que o povo e as comunidades passaram a ser estimulados a uma participação mais ativa, com as orações feitas em sua própria língua, com a homilia buscando levar a comunidade a ter contato com a própria Palavra de Deus e a se alimentar dela. A assembleia passou a participar com o presidente da celebração, e não apenas assistir passivamente.

A autocompreensão da Igreja também mudou, com o deslocamento de uma Igreja mais voltada sobre si para uma Igreja mais aberta ao mundo, lendo constantemente os sinais dos tempos. Ela saiu de uma compreensão universalista para a valorização da Igreja local ou particular, onde o mundo, que antes era visto como lugar de pecado, transformou-se em lugar próprio de sua missão. Deixou de ser inimiga do mundo, passando a dialogar com ele.

A mentalidade de colegialidade, que aflorou forte no Concílio, já vinha se concretizando há mais tempo, seja pela CNBB, seja pelo CELAM.

A primeira reunião do episcopado Latino-americano, que levou à criação do CELAM, aconteceu em 1955, durante o Congresso Eucarístico Internacional, tendo sido coordenada por Dom Helder Câmara.

A segunda aconteceria depois, em 1968, na cidade de Medellín, Colômbia, de 26 de agosto a 6 de setembro 1968, tendo seu discurso de abertura feito pelo papa Paulo VI, que foi o que, pela primeira vez, visitou nosso continente.

Se a marca da primeira reunião foi a criação, a segunda assumiu o homem latino-americano em sua realidade, clareando a missão da Igreja na América Latina e valorizando a vida das comunidades como novo jeito de ser Igreja.

A terceira reunião do episcopado latino-americano aconteceu em Puebla, México, em 1979. Ali, com a impressionante visão de Dom Aloísio Lorscheider, estudou-se a realidade Latino-Americana diante dos ensinamentos de Deus, à luz do Evangelho, firmando o compromisso concreto com a opção preferencial pelos pobres.

Essa conferência superou a de Medellín, tendo uma importância histórica. Ela contou com a participação do papa João Paulo II, que há pouco havia assumido o pastoreio da Igreja.

A quarta reunião foi realizada em Santo Domingo, em 1992, tendo como objetivo comemorar os 500 anos da primeira evangelização na América. Ela também contou com a presença do papa João Paulo II em sua abertura. A conferência, a pedido do Papa, buscou uma postura nova, um novo método e novo ardor missionário, levando a Igreja da América Latina a viver intensamente no espírito dessas novidades.

Por fim, a quinta reunião aconteceu em maio de 2007, em Aparecida, com destaque para a presença do papa Bento XVI em sua abertura. A proposição principal dessa conferência foi a Missão Continental.

A realização dessas cinco conferências episcopais veio acompanhada por outras importantes mudanças na vida da Igreja e na sociedade. A Igreja continental e mundial vive hoje algumas preocupações e enfrenta alguns desafios bem abrangentes, mas, como sinais positivos da nova realidade eclesial vivida nas primeiras décadas do século XXI, temos a presença da Igreja nos meios de comunicação, com seu forte despertar para a Missão Continental, impulsionada pelo profetismo do papa Francisco.

Conclusão

ESPERANDO O VATICANO III: O CAMINHO DA SINODALIDADE

O episcopado brasileiro se consolida como um dos maiores do mundo, com os Estado Unidos e a Itália. A CNBB trabalha unida, coordenada em diversos organismos, sendo organizada por 18 regionais. Passada a crise dos anos 70, o clero volta a crescer, se bem que ainda fora do ritmo necessário, para acompanhar o desenvolvimento da população. Hoje, para cerca de 203 milhões de brasileiros (dados do IBGE de 2023), existem no Brasil cerca de 22 mil padres. Muitos seminários voltaram a se abrir, e a Igreja investe pesado na ampliação de sua ação, sobretudo por meio dos MCS. Atualmente, o que mais se discute não são as formas de arrebanhar vocações, mas a qualidade do clero e do episcopado que aí está, sobretudo, por causa dos critérios seguidos pelos papas João Paulo II e Bento XVI em sua nomeação.

Movimentos novos são fundados a cada dia e, por causa de sua diversidade, ainda vêm acompanhados de tensões e críticas.

O papel da Igreja na sociedade e sua ação já não geram o impacto que geravam ao longo da ditadura militar; ainda assim, ela precisa ser muito coerente em sua ação e em sua posição. No momento, também já não se nota o mesmo ardor e vigor missionário dos anos 70 e princípios dos anos 80, mas, por outro lado, a Igreja tem recuperado diversos valores que haviam sido descuidados anteriormente, como a religiosidade popular.

A grande descoberta deste nosso tempo é a necessidade de uma evangelização inculturada. A cultura moderna se espalha, marcada pelos fenômenos da secularização, indiferentismo religioso e crise moral, por isso a Igreja deve se empenhar na busca de uma nova linguagem, para poder atingir o homem moderno ou pós-moderno, que se movimenta em uma sociedade líquida e em contínuo estado de ebulição.

Por uma Igreja sinodal

Os Sínodos e Concílios foram e continuam sendo importantes instrumentos de legislação e organização da vida da Igreja. Sempre que ela passava por uma crise ou por alguma dificuldade interna, o modo de solução se dava com a convocação de um Sínodo ou Concílio. No tempo antigo e na Idade Média, muitas de suas decisões tinham valor não só como lei da Igreja, mas também como lei do Estado. Alguns Sínodos foram convocados pelo rei ou pelos imperadores.

Das decisões dos Concílios, aos poucos, foram sendo formadas as coleções de cânones. Foram também os Concílios que sancionaram e definiram o primado do Papa, firmando sua autoridade sobre o Concílio e sobre toda a Igreja. Eles são importantes na reforma da vida interna da Igreja, sendo responsáveis por sua adaptação ao mundo e à sociedade, que muda e se transforma, ajudando a Igreja a ser sempre fiel a sua missão.

Um Concílio, como o Vaticano II, tendo uma singular autoridade canônica, influiu decisivamente nos povos latino-americanos na consolidação de uma dinâmica histórica que se prolongou por meio das Conferências Gerais de Rio de Janeiro, Medellín, Puebla, Santo Domingo e, por fim, Aparecida, concretizando-se em um horizonte de esperança para que a ação dos filhos da Igreja, na América Latina, correspondesse ao Plano de Deus em suas vidas pessoais, na sociedade e na cultura diante das exigências da nova evangelização neste terceiro milênio da fé.

O papa Francisco é o grande impulsionador do Sínodo, enquanto instituição de consulta e expressão de colegialidade, ao propor para o Sínodo Extraordinário de 2023-24 o "caminhar juntos" em uma Igreja que coloca mulheres e homens de nosso tempo, incluindo seus pastores e o próprio sucessor de Pedro, a "ouvir" o Espírito Santo, único que pode impulsioná-los na boa condução do Povo de Deus, a partir de sua vivência batismal.

O Sínodo Extraordinário, que está acontecendo em diversas etapas, um dos mais complexos e desafiadores de todos os tempos, tem suscitado diversas polêmicas, especialmente por causa do crescimento dos grupos e movimentos conservadores e reacionários no seio da Igreja católica.

A partir do tema "*Por uma Igreja Sinodal: Comunhão, participação e missão*", a sinodalidade representa a proposta de um caminho pelo qual a Igreja deve ser renovada pela ação do Espírito Santo, ouvindo o que Deus tem a dizer a seu povo no hoje da história, marcado pelas intensas e profundas mudanças de época.

Esse caminho que está sendo percorrido não só quer unir mais profundamente o Povo de Deus, como também enviar os cristãos a cumprir sua missão de testemunho profético no mundo, chamado este que abrange toda a família humana, com as mais diferentes denominações cristãs e tradições de fé.

Sinodalidade: trabalho em equipe

O papa Francisco sempre motiva o caminho da sinodalidade como jeito de ser que hoje Deus está esperando da Igreja do terceiro milênio que já vai adiantado. Repetidas vezes ele indicou que a sinodalidade não é um conceito novo, mas um resgate da eclesiologia do Vaticano II, expressa na Constituição *Lumen Gentiun*, tratando-se de um conceito fácil de se colocar em palavras, mas bem difícil de se colocar em prática, porque "abala muitos pré-conceitos".

O princípio central, que impulsiona os trabalhos do Sínodo, é o de "sermos o povo de Deus", caminhando juntos pelo deserto da vida; por isso precisamos estar atentos para ouvir o que o Espírito Paráclito dita a sua Igreja.

No caminho da sinodalidade, os pastores precisam se escutar e ouvir os mais distintos grupos de pessoas e realidades existentes dentro e fora da Igreja, *"ouvindo os irmãos cristãos, os que estão longe, os mais fracos e os deserdados"*. A partir dessa conceituação e proposta, a fase de consulta do Sínodo, que já terminou, transforma-se em algo fundamental, pois é uma ferramenta com o mesmo valor e mesma importância da fase de decisões a acontecer em Roma.

O Sínodo é um convite aos mais de cinco mil bispos do mundo para pensar menos sobre si próprios, apelando à responsabilidade de todos os batizados para um trabalho em equipe com seus pastores.

"O cristianismo deve ser sempre humano e humanizador, reconciliando diferenças e distâncias e transformando-as em familiaridade, em proximidade. Um dos males da Igreja, ou melhor, uma perversão, é este clericalismo que separa o sacerdote e o bispo do povo" (Papa Francisco, 18 de setembro de 2021).

Experiência de comunhão e participação

Ao descobrir experiências pessoais e observar boas práticas, ao ouvir testemunhos, dar luz a outros pontos de vista para fugir da autorreferencialidade e do clericalismo, do cinismo de dizer: "sempre foi feito assim", o Sínodo é também um meio de curar a ferida da hipocrisia que corrói a fé de muitos.

A sinodalidade leva a Igreja a se inclinar ou abaixar para olhar para seu próprio umbigo, como disse o Papa ao clero na Eslováquia, "para não se estagnar ou distanciar da vocação profética a que é chamada". O Sínodo deve continuar no caminho de uma Igreja inspirada no exemplo dos doze Apóstolos de Jesus, sendo uma igreja expansiva, missionária e fraterna, um hospital de campanha, e não um parlamento, como disse o Papa.

Nesse sentido, Francisco tem insistido e promovido a participação ativa dos leigos em todas as fases do Sínodo, para além da sala de aula dos bispos no Vaticano, por meio de vários mecanismos. Por intermédio dos leigos, na verdade, são as Igrejas locais que ganham relevância e fazem ouvir sua própria voz.

Com essa participação, busca-se criar um ambiente propício ao diálogo, à troca de experiências e à mudança de postura, descentralizando a Igreja para além do continente europeu, dando voz e vez à Igreja da periferia, mais viva e atuante.

Em várias ocasiões, o papa Francisco compartilhou sua visão sobre como a prática da sinodalidade pode ser concretamente expressa, e, assim, destacando algumas palavras-chave, podemos elencar alguns conceitos que definem o "ser Igreja" para além do horizonte que hoje conseguimos vislumbrar:

- **Partilha:** precisamos falar com coragem e honestidade para integrar liberdade, verdade e caridade. Todos podem assim crescer em compreensão por meio do diálogo;

- **Humildade**: todos têm direito de ser ouvidos e de falar. O diálogo sinodal depende da coragem tanto para falar quanto para ouvir;
- **Diálogo**: disposição de mudar nossas opiniões a partir do que ouvimos dos outros;
- **Conversão**: não resistir ao que o Espírito Santo nos inspira a empreender;
- **Discernimento:** baseado na certeza de que Deus age no mundo e que devemos ouvir o que o Espírito Santo nos diz;
- **Deixar preconceitos e estereótipos:** para ficarmos impactados pelas fraquezas e por nossa tendência ao pecado. Liberar nossas mentes e nosso coração dos preconceitos e estereótipos que nos levam à ignorância e à divisão;
- **Superar o clericalismo**: a Igreja é o Corpo de Cristo enriquecido por diferentes carismas, em que cada membro tem um papel único a desempenhar;
- **Superar as ideologias**: é preciso evitar o risco de dar mais importância às ideias do que à realidade da vida e da fé que as pessoas vivem de forma concreta;
- **Fazer nascer a esperança:** sendo faróis de esperança e não os profetas de desventuras e desilusões;
- **Inovação:** desenvolver novos enfoques, com criatividade e até com certa dose de audácia;
- **Inclusão:** ser uma Igreja participativa e corresponsável, que aprecia a rica variedade e abraça a todos aqueles que, muitas vezes, ignoramos;
- **Diálogo ecumênico e inter-religioso:** sonhar juntos e caminhar juntos com toda a família humana.